深深愛上愛妮島

一本關於勇氣、選擇與自由的人生故事

Sylvia Wu——著

深深愛上愛妮島

一本關於勇氣、選擇與自由的人生故事

作者　Sylvia Wu
繪者　Loxy Jang
文字企畫　Kenya Chiou
社長　林宜澐
主編　林韋聿
責任編輯　雷子萱
美術設計　厚研吾尺・洪于凱
行銷企畫　沈嘉悅、徐緯程

出版　蔚藍文化出版股份有限公司
地址　110408 台北市信義區基隆路一段 176 號 5 樓之一
電話　02-2243-1897
臉書　https://www.facebook.com/AZUREPUBLISH
讀者服務信箱　azurebks@gmail.com

總經銷　大和書報圖書股份有限公司
地址　248020 新北市新莊區五工五路 2 號
電話　02-8990-2588

法律顧問　眾律國際法律事務所
著作權律師　范國華律師
電話　02-2759-5585
網站　www.zoomlaw.net

印刷　世和印製企業有限公司
ISBN　978-626-7275-64-1
定價　450 元
初版一刷　2025 年 5 月

深深愛上愛妮島：一本關於勇氣、選擇與自由的人生故事 / Sylvia Wu 著 . -- 初版 . -- 臺北市：蔚藍文化出版股份有限公司 , 2025.05
256 面 ; 14.8x21 公分
ISBN 978-626-7275-64-1(平裝)

1.CST: 旅遊 2.CST: 島嶼 3.CST: 菲律賓

739.19　　114000405

各界推薦——

（按照姓氏筆劃排序）

老實說，在剛認識Sylvia和總裁的時候，根本無法想像這個版本的他們！十八年的相知相惜，我在Sylvia身上見證了奇蹟。Sylvia一直都是一個充滿愛的人，充滿對世界對生命的熱愛和頑童般天不怕地不怕的勇氣和努力。每次看到她陷入掙扎苦惱之後，總會用她頑童般的熱情和勇氣，不顧一切地一跳，不但跳出了自己的舒適圈，更跳出了想像框架。如果你對現在的自己很失望，沒有勇氣去追求夢想，看完他們的旅程相信會給你很大的勇氣！用力地去愛世界，她會帶你去世界上所有你想去的地方。成為多重宇宙中最好版本的自己，現在開始永遠都不晚！

——藝人 **王晴**

我想我真的該去愛妮島一趟了。與Sylvia的認識是從海龜、島嶼、海洋的話題開始，與Sylvia的見面也是。常常聽她與老公分享許多環遊世界的冒險故事，總是會讓我下巴掉下來，但聽著聽著，總是又會回到她在愛妮島的點點滴滴，想念她的小海龜們，常常擔心她這個海龜媽媽不夠盡責，到處幫牠們想辦法有更好的環境，甚至找更多的乾爹乾媽，這讓我好想真的走入一次她形容的這個人間仙境。我與大家都很期待這本書，也希望我能夠好好為我人生旅途拼上一塊很重要的美麗地圖！我們，愛、妮、島、見！

——益智及實境主持人 **林柏昇KID**

回憶近兩年前的愛妮島之旅，當下的感動至今依舊深刻。這地方的魔力很難用文字形容，被封為「天堂淨土」其來有自，原始的自然風景、善良的人文、豐富的美食，更可貴的，是在這片土地默默付出的人們。還記得沿著海岸，一個個用木頭釘出來的海龜孵化箱，以及小海龜從沙灘奔向海洋的身影。遠在一千公里外，資源相對匱乏的海島，還要面對保育意識不足的住民，能打造出巴拉望最大的海龜基地，遠比想像中艱辛，沒有高度決心、耐心和愛心，很難走到這一步；然而，Sylvia卻做到了。第一次與她會面，是在台北的蔬食餐廳，當我提到自己採訪過位在澎湖、台灣最大海龜醫院的經驗時，她挺直了腰桿、握著我的手、眼神閃爍著光，主動要了聯繫方式，並用最快的時間，飛到澎湖取經。在Sylvia身上，我看到的是一位有熱忱與能力的保育者、療癒土地的推廣者，更是「人美心也美」的代表，真心推薦她的新書，希望在這忙碌又紛亂的世界中，這份真誠又正向的力量，能持續擴散。

——新聞媒體人 **陳文越**

身為海島旅遊愛好者，當我帶著孩子們踏上愛妮島的土地時，內心湧上一股強烈的責任感——對於這片海洋的愛護，對於海洋生物的守護。這裡不只是天堂般的旅遊勝地，更是一座活生生的自然教室，讓大人與孩子都能親眼見證生命的奇蹟。《深深愛上愛妮島》帶我們深入探索這座島嶼，讓人不只看見風景，更感受到當地居民與保育團隊對海洋生態的用心。當我們親眼目睹海龜復育的過程，雖然知道牠們能成功長大、回到大海的機率微乎其微，但仍有人全心全意地守護，這份愛深深觸動了我和孩子們的心。你們知道嗎？從愛妮島回來後，我的兩個孩子竟主動在學校站上台，向全班同學和老師分享：一、不可以在海邊亂丟塑膠袋，因為海龜會誤以為是水母而吞下去，可能會被悶住、不能呼吸！二、不能亂丟吸管，因為可能會刺到海龜的鼻子，讓牠們很痛！三、沙灘上的貝殼也不可以撿回家，因為寄居蟹會沒有家住！連老師都驚呼這趟旅程很值得——完美實現「讀萬卷書，不如行萬里路」的精髓。這次旅行，讓孩子們親身體會到守護海洋的重要性，比任何說教都來得深刻。身為父母，我真心推薦這本書給所有家庭，帶著孩子來愛妮島，讓他們用眼睛去看、用心去感受，讓愛護海洋的信念從小扎根。我相信，當我們深深愛上愛妮島，也會深深愛上這片海洋，並且願意為它做出改變。啟程愛妮島前，先從這本書開始吧！感謝Sylvia和Henry的愛與付出，期待下次見面！

——最美營養師 **高敏敏**

各界推薦

推薦序

人物介紹

Chapter 4
跟我一起，成為小海龜的乾爸乾媽！

Chapter 5
在愛妮島，活出一百個新的自我

特別收錄

愛妮島有一隻貓，把狗派的我變貓奴
——毛毛與我的相遇故事

那年，我們在愛妮島遇見生命的樣子

演員 **王陽明 Sunny** & 歌手 **蔡詩芸 Dizzy Dizzo**

那是二〇一四年的事了。我和Dizzy都是熱愛冒險的旅人，總是渴望著探索新的文化，並尋找能讓人感受到生命律動的地方，我們想親眼看看那些未被破壞、仍保有自然原貌的秘境。就在這時，Henry和Sylvia向我們提到了一個位在菲律賓巴拉望的地方，那個地方名叫愛妮島（El Nido）。他們說，那裡被稱為「最後的疆界」（Last Frontier），是一顆隱藏的寶石。我們那時候心想：「我們一定得去看看！」這段故事就此展開。

我們四個人先飛往馬尼拉，再轉機到公主港（Puerto Princesa），接著在半夜搭上一台小廂型車，沿著未鋪柏油的彎曲山路一路往北奔馳五個半小時。我們抵達愛妮島時已是夜深人靜，小鎮正沉睡在夜色中。這趟旅程並不輕鬆，但絕對值得。當陽光灑下，我們走過小鎮、來到愛妮島的沙灘，就在那一刻，我們全都因為愛妮島的壯麗景色瞬間停止了呼吸。這個小漁村被山巒環抱，俯瞰著碧綠透澈的海水，四周盡是散布在地平線上的島嶼。那畫面如詩如畫，美得令人忘了呼吸。之後我們搭上螃蟹船（bangka）出海跳島，這之後的每一次航行，又會讓我們再次驚嘆大自然的鬼斧神工。

這裡有太多東西值得一看和探索，彷彿永無止盡。這也難怪，我們自從二〇一四年的旅行後，我們幾乎每年都會回來，而每一次回來都有不同的冒險與新發現。也是在愛妮島，我們學會了自由潛水。透過自由潛水，我們得以深入了解當地人的生活方式，也學會了珍惜自然與尊重海洋，以及珍惜如母親般的地球所賦予我們的生命萬物。此外，島上的人們更是我遇過最溫暖、最善良的一群人。因此，愛妮島在我們心中佔據著非常特別的地位。

二〇一六年初，Henry和Sylvia跟我們分享了他們移居愛妮島的計畫，而我們當時就知道，我們也必須成為這個計畫中的一份子。因為我們明白，要讓一個特別的地方實現特別的願景，就必須要有「特別的人」。在這之後，Sylvia在Nacpan海灘設立了一座海龜孵育場，開始了海龜保育的行動。這份工作極為辛苦，卻也是我們人生中最具意義、最令人滿足的經驗之一。海龜保育代表著「給予生命一個機會」，也代表著教育與生態保育意識的提升。當你親手放生一隻剛出生的小海龜，看著牠們拼盡全力向大海爬行，但又被一波波洶湧的浪打回岸邊時，你就會明白——那就是「人生的縮影」。因為生命本來就不易，我們既要與大自然所迎來的挑戰共舞，又要奮力前行。但是，一旦這些小生命突破一波波浪濤的阻礙，就能游向海的另一端，開啟全新的生命旅程。而Henry和Sylvia，就是給了牠們那個「重生機會」的人。至於接下來的人生，就看牠們自己了。我們認為這段經歷，是每個人此生至少應該體驗一次的「奇蹟」。

Henry和Sylvia把他們的人生都奉獻給了愛妮島與Nacpan海灘。我和Dizzy都非常感激，也覺得無比幸運能與他們同行。因為他們不只是為巴拉望在地努力，也是為自然、為海洋、為海龜付出。他們不僅回饋社會，也給予人們與自然一個新的機會與成長的空間。這些付出的背後需要的是犧牲與堅持——並不是每個有遠見的人都能做到這一點，但他們做到了，而且做得極為出色。

愛妮島與Nacpan海灘是一塊令人著迷的土地，讓你重新學會何謂「生活」。在這裡，你會發現快樂不是金錢買得到的，你會開始珍惜生活中的小事，學會簡單和知足，也學會不把一切視為理所當然；你會成長，會成為一個更好的人。

相信我，去一趟，你會收穫一生一次的體驗。或許，我們也會在那裡與你相遇。

takes special people to make special plans happen in a special place. Later that year, Sylvia started a sea turtle hatchery for sea turtle conservation on Nacpan Beach. This became one of the most tedious jobs, yet also became the most rewarding. Giving life a chance. Education and awareness. One of the most meaningful projects we have been a part of in our lives.

When you set the baby turtles free, they fight crawl with all their energy to get to the ocean, but then the waves come crashing in and tumbling them back again, and you realize that's exactly what life is. It's difficult. You roll with the waves that Mother Nature comes at you with and you must keep fighting. However, once they get past the hurdles of life, they wonder beyond the waves and into a new life. Sylvia and Henry gave them a new chance at life. The rest is up to them. This experience is something everyone must experience once in their life.

Henry and Sylvia have devoted their whole lives to El Nido, as well as Nacpan Beach. Dizzy and I are blessed and grateful for Henry and Sylvia and all they do for the Palawan community and also for nature, the ocean, and the sea turtles. They give back. They give the people as well as nature a new opportunity and a chance to grow. This takes sacrifice. Something not every visionary can execute.

However, they have done it beautifully. El Nido and Nacpan Beach are an enchanting place where you learn about life. You learn that happiness cannot be bought. You learn to appreciate the little things in life. You learn to be happy. You learn not to take things for granted. You learn to grow as a human being. Trust me. Go and you will have the experience of a lifetime. Maybe we will even see you there. Peace out.

That Year in El Nido: Where We Found the Meaning of Life

Actor Sunny & Rapper Dizzy Dizzo

The year was 2014. Dizzy and I were adventurous and we loved traveling. We wanted to see new cultures and we wanted to feel alive. We wanted to see a place that was untouched, and natural. That was when Henry and Sylvia told us about a place in Palawan Philippines, called El Nido.

They said it's called the "Last Frontier", and that's El Nido was a hidden gem. We needed to go and that's how this story started. The four of us flew to Manila, then flew to Puerto Princessa and took a small van in the middle of the night through unpaved narrow winding mountain roads for 5.5 hours northbound. When we arrived, it was already in the middle of the night and the town was sleeping. The journey wasn't easy, but it was worth it.

When the sun came up, we walked through town and onto El Nido Beach. That's where we all lost our breathes. This small fishing town is nestled and surrounded by mountains overlooking crystal clear jade green ocean water, filled with islands in all directions from the horizon. It was magical. It was simply amazing. The clusters of small islands from the horizon made the scene poetic as if it was a painting. When you get onto the bangka, go out to sea and go island hopping, the boat ride takes your breath away yet again.

There's so much to see and so much to discover; it's almost never ending. That's also probably why since the first trip in 2014, we've kept going back every year. It's always a different adventure and we also discover something new each time. El Nido was where we learned freediving. Through freediving, we were able to learn the ways of the locals and their lifestyle. We also learned to appreciate nature, the ocean and all the life that Mother Earth gave us. The people of El Nido are definitely one of the warmest and most kind in this world.

El Nido holds a very special place in our hearts. In early 2016, Henry and Sylvia told us about all their plans, and we knew we had to be a part of it. We knew it

從新住民到改變者：Sylvia和Henry在愛妮島的旅程

愛妮島海龜保育聯盟創辦人 Jamie Dichaves

我在愛妮島從事永續發展與生物多樣性保育工作已逾十年，無論是企業主、新住民、長期居民，還是在地人，我遇過不少人試圖在這片土地上闖出一番名號與立足之地。然而，每個人都帶著自己的一套價值觀與優先順序，而這些也不可避免地形塑著整個地方的樣貌。其中，讓我印象特別深刻的一對夫妻是Henry和Sylvia，我在二〇一七年認識了他們。

他們當時剛決定搬到愛妮島的Nacpan地區時，便聽說當地人會吃海龜蛋。但是他們並未針對這個當地習慣表現出對立或是敵意，而是選擇以金錢獎勵的方式鼓勵大家交出海龜巢穴。這樣的作法在當時引起其他居民的熱議，開始謠傳有一對華人夫妻在收購海龜巢是為了「個人食用」。我得知這件事涉及非法行為後，便試圖找出這對夫妻以查證這件事是否屬實。因為這次機緣，不僅讓我們開始攜手合作推動海龜保育，也跟他們建立了一段互信與尊重為基礎的深厚友誼。

大多數搬到新地方的人，往往只思考自己能從這片土地得到什麼，像是商機、新開始、靈性的覺醒，或一個可以歸屬的地方。但對Sylvia和Henry而言，這趟旅程更具有「回饋地方」的意義。因此，他們投入了無數心力與財力，支持在地經濟發展，並推動負責任的寵物管理以及野生動物保育。即便他們在愛妮島擁有數間企業，他們也從未將這些事蹟當作吸引顧客的宣傳材料，而是選擇默默地做，並低調地實踐他們的理念與初衷。

更難能可貴的是，他們大多是自掏腰包來回饋地方。即便在疫情期間，整個觀光產業全面停擺、收入歸零，他們依然沒有中止任何一項努力。至今，他們已成功保護近七百五十個海龜巢穴，超過五萬七千顆海龜蛋，並放生將近五萬隻小海龜。同時，他們也長期贊助無數的節育、結紮活動與動物福利計畫，並在旗下的多項事業中雇用了數百位在地居民。

也許有人會覺得，擁有資源與特權的人做這些事應該不難，但真正願意這麼做的，又有多少？在這個許多人只想為自己多爭取一點的世界裡，遇到像Sylvia和Henry這樣願意有意識地回饋社會的人，無疑是一股難得的清流！

events and local animal welfare efforts, and employed hundreds of locals in their various businesses.

You might think that it's easy for them to do all this considering their privilege, but how many people with privilege actually give back in the same way? In a world where more people would rather take for themselves, it is definitely quite refreshing to meet people who consciously give back to the world.

From Newcomers to Changemakers: Sylvia and Henry's Journey in El Nido

Founder – El Nido Marine Turtle Conservation Network Jamie Dichaves

Having worked on sustainability and biodiversity conservation in El Nido for more than a decade, I've met my fair share of people trying to carve out a name and space for themselves whether as a business owner, a new/long-term resident, or a local. Whatever role each is playing, they carry with them their own sets of values and priorities that inevitably shape the community.

One couple that stood out for me was Henry and Sylvia, whom I met in 2017.

They had just decided to move to El Nido and were living in Nacpan when they heard about locals eating turtle eggs. Instead of antagonizing them, they made a decision to incentivize turning nests over with a monetary reward, which made other locals spread word about a Chinese couple buying turtle nests for personal consumption. Knowing this was illegal, I sought to find the couple in question to verify the reports. This not only paved the way for us to build a solid partnership for turtle conservation, but also a friendship built on mutual trust and respect.

More often than not, those who relocate to a new place also usually only think about what they can gain out of the said place – a business opportunity, a fresh start, a spiritual awakening, or a place to belong. But for Henry and Sylvia, it was also about giving back. They' ve poured in countless efforts and financial contributions that support local economic development, responsible pet management, and wildlife conservation. Despite owning several businesses in the municipality, they don't even use these in their marketing materials to attract patrons, but would rather choose to do them quietly.

What's more, they even preferred to do it out of their own pockets that during the pandemic when the whole tourism industry was put to a halt and there was zero income coming in, they still continued all their efforts. As a result, they've been able to protect close to 750 marine turtle nests with more than 57,000 eggs and released close to 50,000 hatchlings to date. They've also supported countless spay/neuter

想都是困難，做才有答案

金色三麥創辦人 **大Q 葉冠廷**

很多時候，我們會不斷地思考、規劃，試圖找出「最完美」的選擇，卻忘了真正的答案，永遠藏在行動之中。創業是這樣，人生也是這樣。

過程一定充滿挑戰甚至痛苦，但現在不做，未來後悔起來只會更痛苦。這個世界上沒有百分之百準備好的時候，只有在遇到問題時不斷調整、解決，再繼續前進。就像人類登陸月球，目標從來不只是登月，而是更遠的火星。只有先邁出第一步，才能踏上真正的旅程。

金色三麥創業初期，我們也曾歷經資金短缺、合夥人價值觀不同、產品不穩定、團隊共識不足等各種挑戰。但我們沒有回頭路，唯有全心投入，才能找到出路。這些困難，最後都成了成長的養分。

這也是我在Sylvia和Henry身上看到的精神。他們沒有選擇安逸，而是選擇走一條少有人走的路——他們選擇在愛妮島扎根，開創屬於自己的天地。這不是單純的旅行，而是一種人生的選擇——勇敢踏出舒適圈，擁抱未知，並為自己想要的生活負責。

當善良遇上溫柔，就是最好的組合

風向星座的他們，天馬行空、勇於冒險，時常飛得太遠，甚至有點危險！但這一次，他們沒有再飛走，而是選擇在愛妮島落地生根。

他們不只是為自己找到了歸屬，更用行動改變了當地人的思維，帶來新的可能性。這一路走來，他們始終站在別人的角度思考，為環境、為社群貢獻，這樣的格局與視野，令人敬佩。如果說創業是一場修行，他們已經用愛妮島這片土地，修煉出一套屬於自己的哲學。

認識Sylvia已超過十五年，與Henry更是超過二十年。我親眼見證他們如何從各自奮鬥、勇敢追夢，到攜手同行，勇往直前。他們宛如現代版的神雕俠侶，選擇了一條不被大眾期待、卻真正屬於自己的道路，並且走出了一片嶄新的風景。

這本書不只是一本旅程紀錄，而是一場人生的啟發

當你翻閱這些故事，或許會開始問自己：

我是否正過著自己真正想要的生活？

如果我再勇敢一點，人生會不會有不同的可能？

Sylvia和Henry用行動證明：「世界之大，只要敢踏出第一步，就有無限可能。」人生沒有標準答案，但如果你願意嘗試，你就能找到屬於自己的路。

所以，我誠心推薦這本書，給所有對現狀有所疑問、對未來充滿期待的人。希望這本書能帶給你勇氣，讓你在生命的旅程中，也能做出屬於自己的精彩選擇。

給Sylvia和Henry的一封感謝信

菲律賓野生動物醫療權威 Dr. Nielsen Donato

我衷心感謝Sylvia邀請我參與她的第一本書，讓我能夠向讀者分享我與Sylvia和Henry相遇的過程與一些經歷，我對此深感榮幸，不僅是因為我擔任他們的獸醫，更是因為他們對動物有深厚的愛，而讓這段關係變得格外特別。

我初遇Sylvia和Henry時，是透過他們深愛的貓咪毛毛。毛毛不是純種貓，而是一隻被救援的短毛家貓。儘管不是純正的品種，但對他們來說毛毛不只是一隻寵物，而是他們真正的「孩子」。我們第一次聯絡是透過通話，主要是因為疫情期間我們相隔兩地——我人在馬尼拉，而他們則在愛妮島。幸虧我們的共同朋友Jaime Dichaves，我才得以與他們成功聯繫。

起初，我將他們轉介給位於公主港的同事Dr. Hiceta。Hiceta醫師幫毛毛檢查後，診斷出牠患有口炎，這是貓咪相當常見的疾病。貓咪容易罹患慢性口炎，可能的原因包括口腔衛生不佳、牙科疾病、細菌感染、免疫系統問題、飲食、遺傳、年齡、潛在健康狀況、接觸煙霧以及壓力等等。

當時，我提供Sylvia和Henry兩種治療選項：第一種是注射類固醇來抑制發炎，每當牙齦發炎時就需重複施打；第二種則是較長期的解決方案——拔除毛毛的臼齒與前臼齒。經過仔細考量後，他們決定將毛毛送往馬尼拉，由Fort Bonifacio的Vets in Practice團隊執行手術，最終手術順利完成。

過了一段時間，毛毛再次面臨挑戰。Sylvia發現牠的食慾下降，因此將牠送至Mon Veterinaire動物醫院，進行檢查後發現腎指數偏高且出現脫水情形。然而，由於愛妮島與公主港之間的舟車勞頓對毛毛造成極大壓力，讓住院變得困難，於是Sylvia和Henry決定邀請Vets in Practice團隊前往愛妮島進行一項任務。

在那次任務中，我們為毛毛進行檢查並施打皮下注射，也教導Sylvia和Henry如何在家中進行照護。不幸的是，後來毛毛的病情仍持續惡化，最終腎臟功能完全衰竭。經過多方討論與掙扎，我們不得不做出一個痛苦的決定——協助毛毛安詳地離開。

在這段旅程中，我不僅感謝有機會照顧毛毛，也感謝這段友好的情誼在我與Sylvia和Henry之間萌芽。對我來說，Sylvia、Henry和毛毛早已不只是我的客戶，而是摯友。我與家人甚至曾三度在愛妮島與他們共度跨年。有一年，我到台灣參加研討會，Henry、Sylvia和她的媽媽還特地帶我去吃飯，那份款待讓我深深感受到他們把我當作家人一般的溫暖。

每當Sylvia或Henry需要我，不論是寵物方面或其他事情，我總是樂意伸出援手。我們之間的友誼，是透過雙方對動物的愛所連結出的深刻關係，這份連結對我來說，真摯且珍貴。

Sylvia and Henry then decided to bring the Vets in Practice team to El Nido for a veterinary mission. During the mission, we performed check-ups and administered subcutaneous fluids to Mao Mao, and we also taught Sylvia and Henry how to manage this treatment at home. Unfortunately, Mao Mao's condition worsened, and despite all efforts, his kidneys shut down. After much deliberation, a painful decision had to be made. We had to help MaoMao pass on peacefully.

Throughout this journey, I am not only grateful for the opportunity to care for MaoMao, but also for the friendship that blossomed between us. Sylvia, Henry, and MaoMao are no longer just clients to me—they have become dear friends. In fact, my family and I have had the privilege of spending New Year's Eve three times with them in El Nido. There was even a time when I went to Taiwan for a seminar, and Henry, Sylvia and her mom took me out for lunch, making me feel like part of their family.

Anytime Sylvia or Henry reach out to me, I am always there to help, whether it's for their pets or anything else they might need. Our bond is a testament to the deep connection we can share through the love of animals.

A Special Tribute to Sylvia and Henry

Wildlife Veterinarian **Dr. Nielsen Donato**

I would like to extend my heartfelt gratitude to Sylvia for inviting me to contribute to her first book. To all of Sylvia's readers, I am honored to share my experience with Sylvia and Henry as their veterinarian, a role that became even more special because of their deep love for animals.

I first met Sylvia and Henry through their beloved cat, MaoMao, who was not a purebred cat but a rescued domestic shorthaired cat. MaoMao, despite not being a pure breed, was more than just a pet to them—he was truly their son. Our communication began over the phone, mainly due to the pandemic and the distance between us, as I was in Manila and they were in El Nido. Thanks to a good friend, Jaime De Chavez, I was referred to them.

Initially, I referred them to my colleague, Dr. Dan Hiceta, in Puerto Princesa. After examining Mao Mao, Dr. Hiceta diagnosed him with gingivitis, which is common in felines. Felines are prone to chronic gingivitis, and there are several reasons for this condition, such as poor oral hygiene, dental disease, bacterial infection, immune system issues, diet, genetics, age, underlying health conditions, tobacco or smoke exposure, and stress.

I provided Sylvia and Henry with two options for treatment. The first was to inject steroids to reduce inflammation, repeating the procedure every time the gums became inflamed. The second was a long-term solution involving the extraction of Mao Mao's molars and premolars. After careful consideration, they decided to have him sent to Manila for the procedure at Vets in Practice, Fort Bonifacio, where the team successfully treated him.

After some time, MaoMao faced another health challenge. His appetite decreased, and upon examination at Mon Veterinaire Veterinary Clinic, it was found that his kidneys were elevated, and he was dehydrated. Due to the stressful travel between El Nido and Puerto Princesa, it was difficult for MaoMao to be hospitalized.

愛與夢想的島嶼承諾

澎湖海龜保育專家 **許鐘鋼**

當旅行不僅是短暫的駐足，而是激發成一場生命的選擇；當異國的土地不再只是目的地，而是昇華為心靈的歸屬。那麼，這趟旅程便擁有了更深遠的意義。《深深愛上愛妮島》記錄了一對臺灣愛侶的動人故事。他們從旅人到創業者，從夢想家到環境守護者，一步步在菲律賓愛妮島築起屬於自己的天地。他們的故事不僅僅是異國創業的挑戰與成就，更是一場對環境的承諾、對生命的珍視，和對摯愛的思念。

初抵愛妮島時，他們被這片純淨而美麗的海域深深吸引，也同時意識到這座天堂面臨的環境壓力。他們決定用自己的方式，讓愛妮島的美好得以延續。他們創辦生態旅遊事業，推動海龜保育計畫，為這些脆弱的生命爭取一個安全的棲息地。他們教育當地居民與遊客，讓人們在欣賞大自然的同時，也學會尊重大自然。

但在這片異鄉土地上，除了對環境的守護，他們也帶來了一抹家鄉的溫暖——珍珠奶茶。這杯承載著台灣文化的飲品，不僅撫慰了他們對故鄉的思念，也成為他們創業旅程中的另一個亮點。來自世界各地的旅人因這杯珍珠奶茶而相識，也因這對愛侶的故事而感動。然而，在這段旅程中，有一個重要的身影始終不曾遠離，那就是他們深愛的貓咪——毛毛。即便身處異國，毛毛仍是他們心中最柔軟的角落。對於這份無法割捨的思念，他們將愛化為行動，用同樣的溫柔與耐心，照顧著愛妮島上的流浪貓，讓牠們擁有一個溫暖的棲身之處。

這本書不僅記錄了一場關於創業與環保的冒險，更是一段關於愛、關於夢想、關於對生命的敬意與承諾的旅程。在這座遠離家鄉的小島上，他們找到了自己的歸屬，也為世界帶來了一點改變。希望這段故事能啟發更多人，在追尋夢想的道路上，不只是為了自己前行，也能為這個世界留下更多美好的痕跡。

期許我們都能活出自我

PIECE Hotel Group CEO **Nobuyuki Tabata**

「你有試著誠實面對自己的內心嗎？」

我認為不後悔的活法，是相信自己所珍視的價值觀，勇敢選擇並勇敢地向前行。然而，這個活法看似簡單，其實並不容易。在忙碌的日常中，我們經常被工作與人際關係追著跑，而忽略了內心真正的聲音。這本書正是帶給我這樣的「覺察」。

我發現很少有人能像我的朋友Sylvia和Henry一樣，活得如此自由且忠於自我。只要與他們相處，心中就會湧現一股清新透徹的感覺。而他們的自由背後，蘊含著對他人的深切關愛與溫柔，這份心意感動了許多人，也引發了正向的支持與回饋，形成一種偌大的「良性循環」。我相信他們擁有引導他人邁向更好人生的力量，同時也是真正能改變他人生命的人。

作為一位經營者、他們的朋友和一個人，我打從心底敬佩他們。更重要的是，他們的生活方式深深地影響了我，也促進了我內在的成長。

「自分の気持ちに正直に生きていますか？」

後悔しない生き方とは、自分が大切にしている価値観に基づき、自分の選択と行動を信じて進むことだと思います。でも、それは簡単そうでいて、実はとても難しい。忙しい毎日の中で、仕事や人間関係に追われ、自分の本当の声を聞き逃してしまうことも少なくありません。この本は、そんな自分自身への「気づき」を与えてくれました。

SYLVIAとHENRYという二人に出会い、ここまで自由に、そして自分らしく生きている人は他にいないと感じました。そばにいるだけで、心が洗われるような清々しい気持ちになります。その自由の中には、周りの人々への深い愛と優しさがあり、その姿勢が多くの人からの共感と支援を生み、より大きな「正の循環」をつくり出しているのだと思います。人生をより良い方向へと導く力を持つ、まさに「人の人生を変える存在」です。

経営者として、友人として、そして一人の人間として、僕はこの二人を心から尊敬しています。そして何より、彼らの生き方は、僕自身の心の成長にも大きな影響を与えてくれました。

推薦序──

跟著Sylvia，在荒蕪中用愛起舞

資深旅遊記者 **游琁如**

第一次認識Sylvia是在愛妮島的沙灘上，那年她們剛搬去海邊生活，在沙灘上用最簡易的竹柵欄，圍出孵化海龜蛋的區域，Sylvia跪在沙灘上，興高采烈地介紹一窩窩她親手埋進沙地的海龜蛋。

那時我因為採訪，架起相機和麥克風，請Sylvia談談她與海洋生物的故事，她一開口就哽咽了。之後連續換了三個不同鏡位，無論要她重說幾次，講到海龜游向大海的畫面，她都忍不住掉淚。

當時Sylvia說，她有一個夢，是要為動物奉獻一生。這場夢走了九年了。如今，那個簡易的竹柵欄，已經成為全菲律賓最大的海龜保育中心，每年孵化上萬隻海龜，更吸引許多人不遠千里來參觀與學習。

如今，她終於把這段故事寫出來。這本書講的不只是復育海龜，而是Sylvia與Henry在荒蕪中起舞，互相扶持、更在地方找到雙贏的傳奇故事。

#Map El Nido Town

#Map Nacpan Beach

Sylvia

我愛哭、愛笑，也愛真實的自己。我熱愛山林海洋，愛動物勝過人類，每年生日願望的其中一個都是「世界和平」。前台北101粉領上班族，擅長服裝設計，最愛Cosplay，也是個擁有國際彩妝造型講師身分的愛美女孩。2016年起移居菲律賓愛妮島（El Nido），是巴拉望最大海龜孵育中心Nacpan Sea Turtle Hatcheries創辦人。

總裁 Henry

我親愛的老公。2016年一起移居愛妮島，是我生命中的頭號支持者。個性喜好都跟我大相逕庭，理性大於感性，數字敏感度超越常人，是個成功的連續創業家。事業領域從網路平台橫跨潮流品牌、房產投資到旅館設計。雖然是熱血工作狂，卻是帶我走向自由人生的大背包客。「深深愛上愛妮島」粉絲團的鐵粉都習慣我用「總裁」來稱呼他。

人物介紹

Chapter 0

序章

理想的生活，究竟是什麼？

Life is not about finding yourself. Life is about creating yourself.

「你比較愛人類，還是動物呢？」

我可以毫無猶豫地說：「我愛動物勝過人類很多很多很多！」住在台灣時，就收養了被遺棄的毛小孩，也身體力行擔任動保義工，還曾申請四川熊貓的復育協助。每次旅行都抽出一點時間為動物付出，是我人生最大的夢想，因為我想讓旅行充滿愛的記憶，而不只是留下碳足跡。

左右 在台灣時我和朋友會定期一起去「中華親善動物保護協會」做義工，協助浪浪們。

二〇一四年拜訪泰國清邁的Elephant Nature Park（簡稱ENP），是我印象最深刻的動保義工之旅。當時總裁問我：「為什麼在泰國騎大象體驗只要付八百泰銖，我們去當義工付出勞力和愛心，卻要付六千泰銖？」

帶著這個問號，我們從台灣飛到清邁，再轉車顛簸一小時後走進森林，做好全身泥濘的準備。在那裡，每個義工都像是大象的實習保姆——把屎把尿、備餐餵飯、爬山渡河。聽起來很簡單，跟人類保姆照顧小孩好像差不多，但當照顧對象變成超巨大的大象時，就好像進入了被哆啦A夢放大燈照過的世界，清便便要用鏟子、備餐要從香蕉山中挑出黃熟果實。而當我們近距離待在大象身旁時，除了感受到牠的溫柔，也再次體認自己何其渺小。

㊤ 第一次去清邁當大象義工圓夢，親身感受到大象的聰明跟溫柔。

㊦ 從來不去自然生態旅遊的總裁，陪我一起當大象義工後，改變了他的人生，也改變了我。

這裡收容的大象幾乎都受過虐待。因為利益，現代泰國與大象的合作關係變了調，從前的象伕手上拿的是輕折即斷的竹子，以枝葉撞擊的聲響和長年培養的默契，與大象夥伴一起完成工作；但現在的象伕拿的卻是尖勾榔頭，只要大象稍有不從，就用力敲擊象頭與脆弱的耳朵，用疼痛迫使牠們屈服。也有的大象是一、二戰時期得力的戰爭武器，戰後卻無人照顧，獨自生病老死。

ENP創辦人曾說，她並不在乎收容的大象是否有繁殖能力，她只在乎哪裡有需要救援的大象，即使救回來就過世了，她也覺得值得。「我很開心牠死在有人愛牠的地方。我希望大象就是大象，不是人類的奴隸，也不是誰的武器。」她堅定地說。

在資本競逐的社會中，常讓人過度專注在數字，事實上「親自感受與體驗」，往往更能讓人明白「箇中價值」，而不只是「付出的價格是多少」。當我們與全世界聚集而來的背包客一同照顧大象後，才明白要救助一隻大象，需要付出的金錢與心力是如此龐大。從救援運輸、醫療照護、打造象群適合生活的園區等，無一不在燒錢，若想從施虐飼主手中救下大象，還少不了打官司的法律費用與處理人力；我們擔任義工時付出的六千泰銖僅是九牛一毛。至此，總裁對費用的不解全然消失無蹤。

從ENP創辦人偉大真誠的夢想、象群的奴隸過往，到背包客與義工們長年旅行的生活方式，這些生命中的全新衝擊，在總裁心裡醞釀出另一個問號：

「大象也好，人類也好，總為生活而努力工作；但『生活』究竟是什麼？」

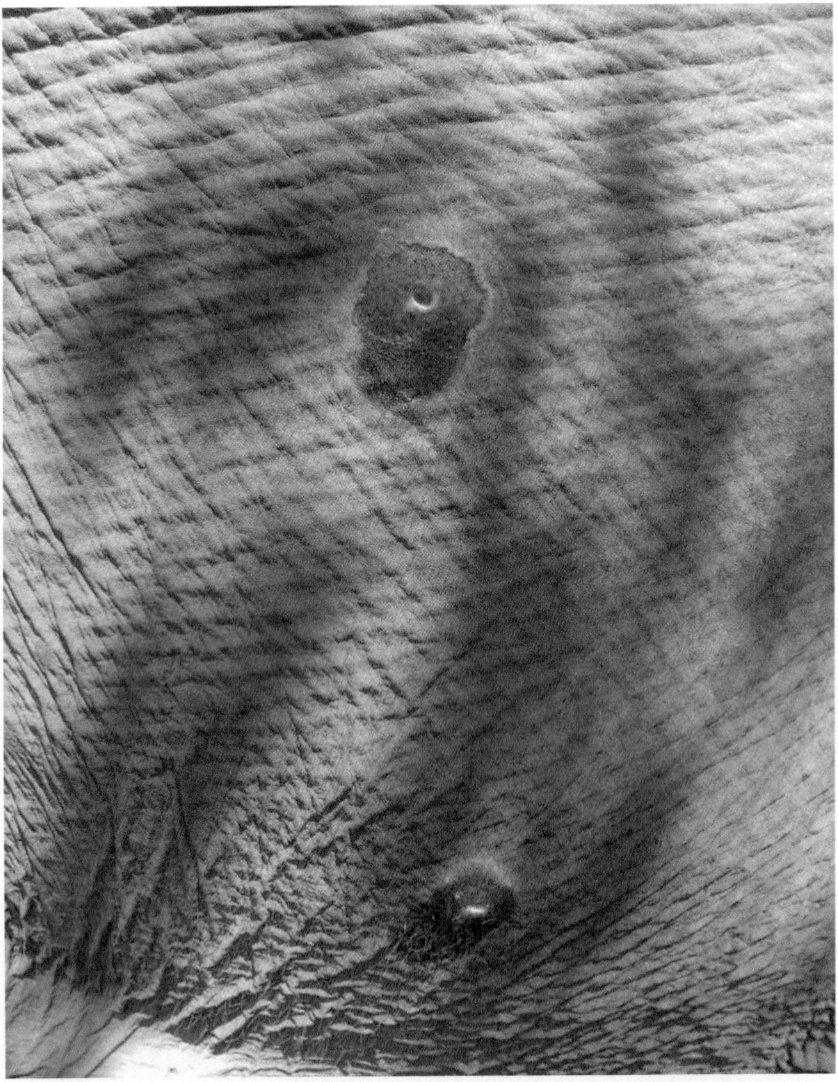

被救援到園區大象身上的傷口。泰國觀光盛行騎大象，但大象不聽話時被象伕用銳器戳、逼他們聽話。

各國的大象義工們。每個人都充滿愛跟故事，認識志同道合的朋友感覺很好。

這個大哉問像是有生命般，不停衍生出更多問號：

「是事業成功，受人肯定嗎？」

「是物質無虞，過得很享受嗎？」

我們似乎無法從身邊好友身上得到解答，反而帶來更多疑問：

「賺到能安心退休的錢，就可以好好過『生活』了？」

「身邊不少朋友早就財富自由了，所以他們的生活是『生活』嗎？」

「什麼才是我想要的『生活』？」

沉浸在與大象靈魂交流中感動不已的我，並不知道總裁對生活本質的提問，將為我們接下來的人生帶來巨大的變化（根本是第二人生！）。

Chapter 1

我是誰？我想去哪裡？

Do you want to sell sugar water for the rest of your life,

總裁的人生字典裡沒有「現實很骨感」這句話，只有「我就問，你到底想不想？」這個充滿執行力的態度。

結束清邁大象義工之旅，我覺得自己該滿足了，該回歸日復一日的平淡生活和工作崗位，等待下一趟旅行。

但總裁悄悄改變了，開始把錢花在過生活，而非物質。他開始把時間投入工作以外的事，認識更多認同背包客生活態度的朋友。揮別以往「除了工作，還是工作」的日子，總裁開心許多，然而敏銳細膩的他察覺了我的心靈倦怠，那是連我自己都沒發現的狀態。

or do you want to come with me and change the world?

我不是一個愛冒險的人

賈伯斯當年挖角百事可樂最強經理人史考力（John Sculley）時，只問了一句：「剩下的人生，你是要賣糖水，還是要跟我一起改變世界？（Do you want to sell sugar water for the rest of your life, or do you want to come with me and change the world?）」就打動他。

總裁可能就是我生命中的賈伯斯。清邁之旅後，他軟硬兼施，時而嚴肅、時而輕鬆地建議我辭職，他問我：「妳想一輩子朝九晚五，還是要跟我一起去體驗世界？」

看到這，相信你們一定會像圍觀求婚的群眾一樣，大喊著「答應他！答應他！答應他！」畢竟總裁這個事業有成的男友揪我當背包客體驗世界，感覺就是穩妥、就是幸福、就是該說好啊，有什麼好考慮的！可惜我沒有史考力的膽識和決斷力，每每談到這話題，內心總是天人交戰。

想拒絕的黑天使說：

「沒有收入，可以嗎？」

「不工作，整天當背包客遊山玩水，這樣好嗎？」

「單親的我，放媽媽一個人在台灣，對嗎？」

「沒錢進帳，我怎麼養媽媽？」

「現在不好好賺錢、存錢，以後老了怎麼辦？」

「途中我們的錢如果花完了怎麼辦？」

「會不會在旅途中錯過家裡的重大事件，讓我後悔終生？」

「雖然愛情長跑多年，但旅途中跟總裁大吵怎麼辦？」

想答應的白天使說：

「一邊旅行、一邊當動保義工，不就是妳的夢想嗎？」

「就算英文不夠好，可以學啊，而且母語是英文的總裁在我身邊啊！」

「錯過這次，可能就沒有下次了……」

「倦怠於現在的生活，不如就衝一波！」

「妳真的滿足現在朝九晚五的社畜生活嗎？」

「妳每天是被期待感和興奮感叫醒的嗎？如果不是，為什麼不試試看？」

「對於現在的生活，妳真的喜歡嗎？開心嗎？」

對！我、不、喜、歡！但大家不都是這樣過日子的嗎？我真的有辦法跳脫社會框架嗎？我真的有辦法拋下一切、放棄多年累積，當一個全職背包客，離鄉背井出走世界嗎？我真的可以……說走就走嗎？

「不行……我沒辦法……我做不到……」

「妳明明不喜歡現況，卻又不願意改變。」

「……」

「我努力說服了，我盡力了，我不會再逼妳。妳可以繼續過現在的生活，而我會照計畫去旅行。我唯一的遺憾，就是沒辦法跟最愛的人，一起牽手走遍世界……」

總裁沒有像偶像劇一樣轉身就走，但我淋著雨哭了起來。

27歲，要待在原地，還是馬上出發？

一九五一年，切．格瓦拉休學一年，騎著摩托車橫貫整個南美洲。沿著安地斯山脈，經過阿根廷、智利、秘魯、哥倫比亞，最後抵達委內瑞拉。我們看到的可能僅僅是地名，但切．格瓦拉看到的卻是整個南美洲的貧窮和苦難。當他結束旅行回到家時，留下了這麼一句話：「寫下這日記的人，在重新踏上阿根廷那一刻，就已死去。我，已不再是我。」

當年讀到這段傳記、看了改編電影《革命前夕的摩托車日記》，覺得真的太帥，切．格瓦拉這趟旅行根本就是時下流行的「Gap Year」吧！如果他沒有跨上摩托車，義無反顧地出發，可能不會成為帶領革命的英雄；如果他沒有跨上摩托車，堅定不移地前進，就不會拜訪秘魯的痲瘋病村，做了好幾個月的義工。

我們這一代或許再也不可能出一個切．格瓦拉，但歐美國家非常鼓勵Gap Year，無論是學生時代或職場轉換間的空檔，一年也好，三個月也不賴，好好體驗世界、找尋生命意義，去發掘自己真正想做的事。Gap Year多半不是豪奢的享受之旅，而是各種學習的總和——學習放下物欲、學習深入當地文化、學習一個人、認識他人且學習讓自己的內心與大自然連結。

欸，等等，講再多，那都是歐美國家，不是台灣啊！

Gap Year在多數傳統亞洲父母的價值觀裡，很容易被理解為「時間與金錢的雙重浪費」，對他們來說，玩樂耍廢、不務正業才是Gap Year的真實模樣。「外面的世界多麼危險哪！」當孩子擁抱Gap Year文化，脫離自己的保護，會讓亞洲父母感到害怕、憂慮。試著模擬亞洲父母的心聲：「有時間去Gap Year，還不如花時間去找份好工作賺錢存錢、找個好人家結婚生子！」

二十七歲的我，被三十一歲總裁那句：「妳想一輩子朝九晚五，還是要跟我一起去體驗世界？」問到大腦當機。彷彿一腳踩在舒適圈內、一腳懸在半空中。Gap Year似乎是年輕人的權利，我處於成家立業的年紀，可以如此任性嗎？

看到這裡，身為讀者的你應該正在翻白眼，心想：要就要，不要就不要，在那邊囉囉嗦嗦什麼啦。

我平常是個俐落爽快、說一不二的新世代女性（自己講），但要我裸辭，以零收入的狀態去環遊世界，根本是對原有人生的革命。內心小劇場演到我自己都心累，一邊感動總裁真摯的邀請，一邊對躊躇不前、膽小畏縮的自己感到失望。

但最後，我血液裡那個滿腔熱血、天真到常被說傻氣的靈魂，終究還是戰勝了！我想相信總裁，也想給自己一次機會。

我帥氣地遞了辭呈，正式跟在台灣第一高樓裡令人嚮往的雲端辦公室Say Goodbye，跟二十七歲前追求穩定的自己Say Goodbye。帶著媽媽挺我到底的愛（臨行前竟然還塞了紅包給我），牽著總裁的手（但依然害怕），義無反顧衝向未知旅程。

出發吧！

跳下去、爬上去，選一個

每個文化用語言形容「下定決心」的說法都很有意思。

中文說的是「鐵了心」，當軟弱的心變得像鐵一樣堅硬時，就代表下定決心了；日文則貫徹武士道精神，用切腹的意象「腹を決める」來形容；韓文「마음을 먹어요！」則是另一種直率的風格，當你可以「把心都吃下去」時，就展現了充分的決心。

只是，決心還真的不只是說說就有。即便已辭職出發，但每到一個國度，我仍能感覺老天在用各種不同的招數考驗我的決心，其中一招就是「高度挑戰」。

二〇一四年初，我們拜訪清邁極限運動中心（Chiang Mai X-Centre）挑戰高達五十公尺的高空彈跳。茂密森林中的水池旁，矗立著拔地而起的高台。走出鐵籠升降梯，站上十七層樓高的平台時，聽著教練在下面熱情大喊「I love you! Just jump!」我在上面完全沒有心動，腦袋一片空白，最後徵詢教練同意後，總裁抱著我一起跳下去。

㊨在現場時以為可以駕馭，但上去馬上腿軟的高空彈跳初體驗。
㊧初次體驗高空彈跳時，要踏出第一步很艱難，最終是被總裁抱下去的。

這次該死的恐怖體驗後，二〇一四年八月，七七．六層樓（二三三公尺高）的澳門塔上，總裁只給我兩個選項：「要嘛跳下去、不然就爬上去！」我二話不說決定往上爬一〇五公尺到達塔頂。

當時只顧著逃避，不想再有「即便腿軟到不行，也只能被踹下去」的經驗，卻完全沒想到，原來這兩個選項都不容易。澳門塔是全世界唯一可合法徒手攀登的高塔，起攀高度是二三三公尺，塔頂則是

爬了一千多階樓梯，經歷驚心動魄的一小時，終於登頂三三八公尺的澳門最高塔。

三三八公尺。當我眼睛只往上看，一心想把這高度踩在腳下時，才發現自己忘了考慮關鍵因素——高度越高、風力越強。使盡吃奶力氣緊抓不放的我，還是被吹得左搖右晃。

當時心裡真的超恨自己平時沒有認真鍛鍊，肌耐力到用時方恨少，超怕手一滑就吃了全餐。平常我們跑一〇〇公尺大約需要十五秒，澳門塔這垂直一〇五公尺的高度，花了我九十分鐘才爬上去。鐵了心爬上去的我，換來隔天的鐵手，瘦到連水杯都舉

不起，總裁邊笑邊餵我喝水。

有了這次解鎖的信心，二〇一五年三月，在澳洲雪梨的我們坐上小飛機，從海拔零英尺慢慢騰空而起，牛群和房子越來越小，小如黑點；一切都變小了，包括我的信心，只有恐懼持續變大。當飛機穿過雲層來到海拔一萬英尺時，我完全沒有辦法下定決心：「決心是什麼？可以吃嗎？」、「在我身後的專業教練應該沒有想尋死的念頭吧？」、「從這裡跳下去，我的心臟應該還會跳吧？」，身為內心小劇場優秀經營者的我，心理建設還沒做好，尖叫聲還梗在喉頭，就往下墜落了！

「啊——啊啊啊啊——！」

墜落感持續不到幾秒，傘「嘩」地一聲張開。「我在飛！」原來字典裡「翺翔」二字是這個意思，原來當一隻鳥是這種感覺，原來用上帝視角看世界，是這麼美！

該怎麼形容呢？平常看到的浪，變成海與岸的蕾絲綴邊，海的顏色深深淺淺渲染開來，壯麗得像是一幅畫。人類在大地上創造的痕跡與自然綠意構成抽象畫，鬆軟的白色雲朵是前景。世界好廣闊，而我是那樣渺小。恐懼不見了，取而代之的是無以名狀的感動漸漸擴大。在那一剎那，天空變成我感受世界的遼闊場域，我張開雙臂擁抱、膜拜這一切。儘管墜落時速高達時速二〇〇公里，但在我的感官世界裡，時間似乎靜止了，眼前萬物慢速播放，慢到足以讓我仔細去感受每個細節。此時此刻閃過我腦海的感受是「自在」。如果自由是可以自主決定行為與去向，那麼自在就是盡情享受生命，只在乎當下，其餘雜念都消散無蹤，真真切切去感受自己活著！

從清邁到澳門塔，再挑戰墨爾本高空跳傘，我體會到如果不去嘗試，自己永遠不會知道會看見怎樣的風景。這一次又一次的親身體驗，讓我想到巴西傳奇賽車手 Ayrton Senna 的名言：「當你自認為已經竭盡全力時，其實還可以達到更高的高度，再進一步提升自己。」我想，做個全職背包客，對我的人生旅程也將會是一次無可比擬的重大提升！

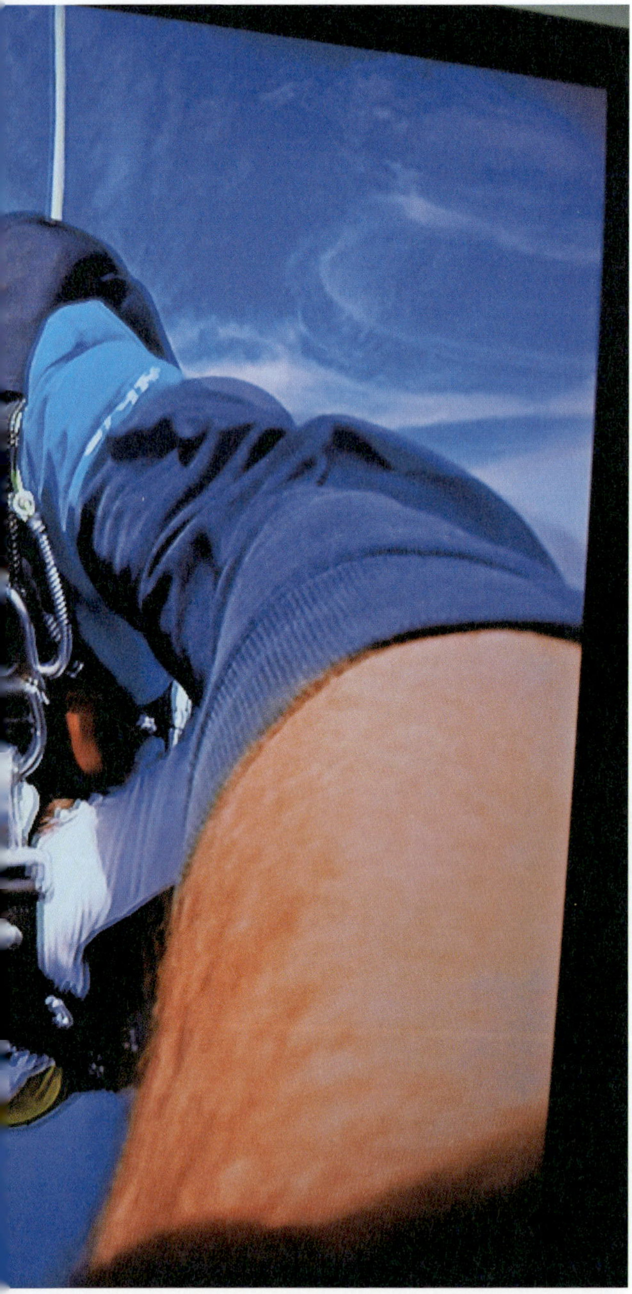

跳傘時，生命的主宰是跳傘教練，只要教練想活我就是安全的(笑)。

Chapter 2

命中註定的愛妮島

Only one who wanders finds new paths!

天堂傳來的訊息

「全職背包客」，這五個字給人的想像多半是好幾年不回家，在世界各地持續不間斷地旅行，但我和總裁打從一開始就不想這麼做。既然我們都要打破社會框架了，不如就打破得徹底一點，連旁人給予背包客的想像都一概摒棄，建立屬於我們的「全職背包客守則」。

屬於我們的全職背包客守則

1. 3天是走馬看花，30天才勉強叫做旅行。
2. 要過得像當地人，不要過得像觀光客。
3. 總裁喜歡觀察國家的發展與建築，我喜歡感受自然與人文，要陪伴對方的喜歡。
4. 想回家就回家，不用硬逼自己符合別人的背包客想像。
5. 不早起、不跟團、不後悔。

我們討論出這些守則時，萬萬沒有想到會因此與命定之地相遇。

二〇一四年五月，為了處理總裁之前初訪就出手的投資，我們回到菲律賓。菲律賓人天生慢活，所有文件流程都耗時多日，要是以前的我應該覺得煩透了——為什麼要等這麼久啊！在台灣的話應該咻咻咻一下子就好了吧？但換了一種身分後，想法變得更彈性圓融了，我們放下抱怨，立刻決定把這趟商務行程變成背包客之旅。他們跑文件，我們就先去當地人一致推薦的巴拉望吧！

菲律賓是個長形島國，總共有七千六百四十一座島嶼散落海上。巴拉望省位於西南方，是第五大島，面積大約是三分之一個台灣，主要經由公主港國際機場進出，擁有壯觀喀斯特地形（石灰岩洞）的地下河國家公園，於一九九九年登錄為世界自然遺產。

菲律賓巴拉望島。是個細長條狀的島嶼，很像一根羽毛。

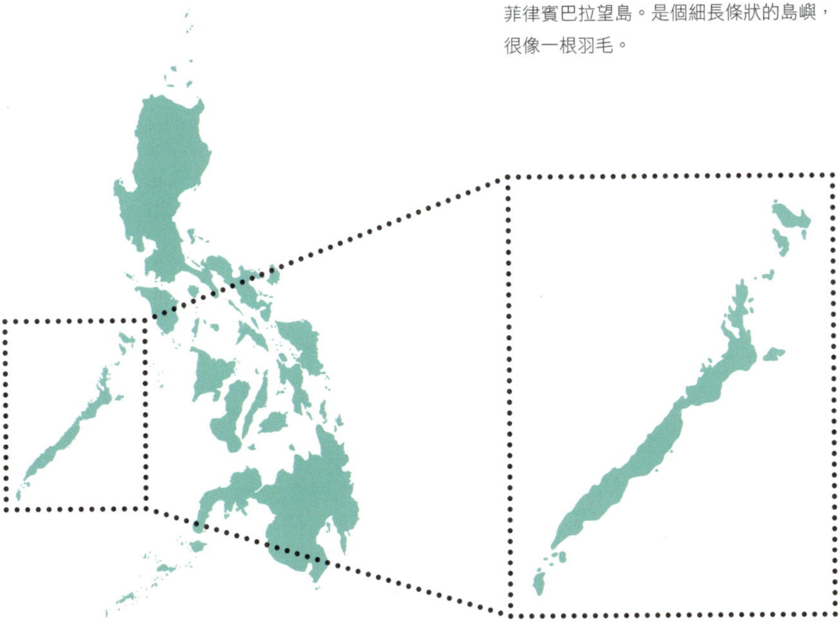

巴拉望島主要機場——公主港國際機場。

所謂的地下河，名為卡巴尤甘河，當地政府在此打造出世界上最長、最適合航行的地下河洞穴，全長達八．二公里。還記得我跟友人H坐上槳船後，在洞口排隊等待，眼前黑到伸手不見五指，神秘的黑暗把我們的期待感醞釀到最高點。進入洞穴後，當地導遊手持燈光微弱的手電筒，引導我們觀看大自然的鬼斧神工，身邊不時有成千上萬隻身手矯健的蝙蝠疾飛而過，上演捕食獵物的驚險戲碼（如果要前往參觀，記得戴上帽子阻擋水滴與蝙蝠的排泄物）。地下河洞穴內陰涼潮濕，阻隔了熱帶國家的濕熱感，我們在彷彿是上帝誤按「Ctrl+V」的重複景色中，漂流到失去方向感後，終於看到遠處的刺眼光點。

參觀地下河洞穴的過程讓我想起一部日本漫畫《通靈童子》，主角強烈渴望透過修煉提升自己的靈力時，便是透過一個要步行三日的全黑洞穴來達到目標。我不知道自己的靈性有沒有增強，

被列為世界自然遺產之一的巴拉望地下河國家公園（Puerto Princesa Subterranean River National Park）。

但出洞那瞬間，從黑暗中重見光明之時，我好像懂了那種既平靜又開心、難以形容的沉靜感。

沒想到，這個難以形容的感覺很快就被旅遊人潮淹沒了，抵達巴拉望的第三天我們無聊到開始四處打聽秘境。既然稱為秘境，自然不容易打聽得到。一無所獲的我們正愁不知道去哪探險時，Messenger跳出了一則意外訊息。

「你們在公主港？」

「對呀，剛到三天。」

「快往北邊走，愛妮島才是真正的天堂！」

「真的嗎？天堂？」哇，很少看到加拿大華裔老友D如此浮誇地形容一個地方。

「對！快來！等你們！」

D連續三個驚嘆號，讓我們果斷放棄已付清的旅館住宿費。

2014 年第一次踏上傳説中的巴拉望島嶼。

與天堂初次相見

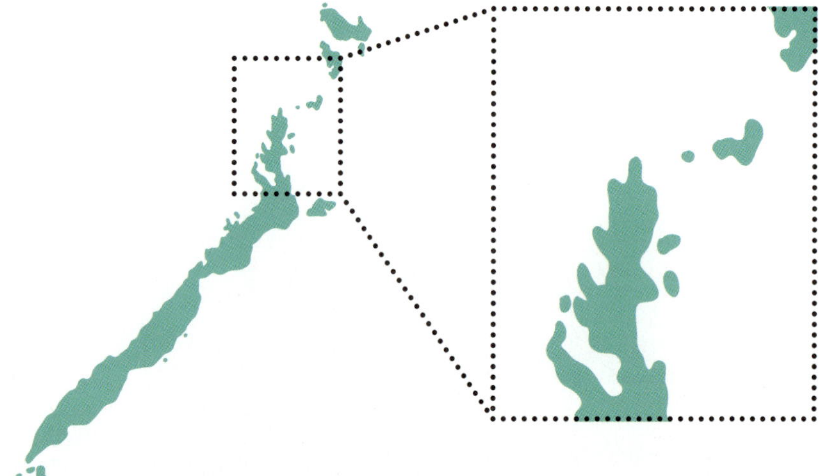

愛妮島不是島，是中譯地名的美麗大誤會！El Nido，位於巴拉望省的最北方，西班牙語原意為「鳥巢」，形容當地石灰岩峭壁縫隙吸引大批雨燕築巢棲息的特殊景觀。

第一印象——司機賽車手的狂飆之路

收到訊息隔天，我們立刻驅車直奔愛妮島。從公主港到愛妮島的路程，大約等同台北到高雄，我們心想這距離也還好，但我們忘了，巴拉望沒有高速公路，只有一條連接南北的蜿蜒崎嶇泥巴路。

坐上公主港的小巴後，我們開始懷疑司機的志向是成為賽車手。彎彎曲曲的山路上，有時連會車的寬度都不足，司機卻能憑藉著行駛該路線超越上百次的熟悉度，逮到機會就練習完全不減速的高速過彎技巧。即使是直線道路，也鍛鍊著不踩煞車、只按喇叭的敏捷身手。小巴上的菲律賓當地人一派輕鬆，初來乍到的外國人表情隨著車身左甩右飛一致驚恐不已，還伴隨著因壓抑胃裡翻滾的早餐溢出喉頭而緊繃的青筋。相較車窗外悠閒的人們與小動物們，我們真的是弱爆了。唯一可以完全癱軟放鬆的時刻，大抵是司機下車催促牛群加快腳步過馬路的時候。

在公主港時，還不知道即將要顛簸超過6小時的我與總裁。

幸好，路途再遙遠也是會到，搖搖晃晃七小時後，我們總算抵達住宿地點。

第二印象——

要細小如絲的熱水，還是正常水量的冷水？

「Hey guys!」

坐車卻搞得像暈船的我們，一下車就被D的溫暖擁抱療癒。D的膚色被愛妮島的太陽烘烤得更黝黑透紅了，我們幽默地打趣他才來半個月就已完美融入當地，毫無違和感。

二〇一四年的愛妮島還是純樸、尚未開發的漁村，小鎮的建築多是由竹子與茅草構築而成，或是鐵皮屋頂的矮房。D熟門熟路地領著我們來到眼前的民宿，是一幢可愛的原木小屋。室內空間大約五坪，天花板垂掛著一盞沒有燈罩的黃色裸燈泡，亮度有些微弱，但卻讓我感覺浪漫。

抬頭一看，「欸，居然！有冷氣！」

我驚訝地拿起遙控器按下電源鍵，但是沒有反應。「是接觸不良嗎？」之後我像是在設定iPhone生物辨識解鎖般，不死心地變換了各個角度試試看，無奈窗型冷氣依舊不搭理我。放棄的瞬間，我突然懂了，也許是沒有高度使用冷氣，才使得愛妮島得以遺世獨立，保留最原始、最純樸的樣子。雖然身為台灣人不太適應，但是個特別的體驗。

參觀完房間，我繼續探查浴廁設施。浴廁空間小巧，能容納一個人；馬桶正常，可以沖水。最後是淋浴設備，在我打開蓮蓬頭持續放水一分鐘後，果然證實我的預感正確——只有冷水！也許是因為「洗熱水澡」是台灣人刻在骨子裡的「基因」，這時候我和總裁都不死心地想看看另一間房間。

到了第二間小木屋，雖然燈泡亮度一樣微弱，但幸運的事發生了！我進到浴室試了蓮蓬頭「噢，有耶，水是溫熱的！」但出水量就像英式宮廷細嘴茶壺倒出來的熱茶般優雅。我，陷入天人交戰了……，髮長及腰的我，在愛妮島完全不動也會一直出汗。我到底該選擇有熱水、但水量小到不知道該怎麼洗澡的房間，還是水量正常、但只有冷水的房間呢？又或者我們應該換間民宿，重新找個落腳處？

「這房間比我這兩個禮拜以來，住過的地方都好上好幾倍耶！」完全不知道我內心糾結的D不經意地說出這句話，讓我們默默打消最後一個念頭，決定選擇第一間房間，畢竟住哪不重要，重要的是跟誰住。切換成背包客思路後，我們輕鬆看待這個愛妮島住宿初體驗，實踐我們的守則二——過得像當地人。

第三印象——
美哭，再也不只是形容詞

抵達愛妮島的第一個黃昏，晚霞比層層疊疊的油畫筆觸還要美，橘紅黃斑斕色彩映照海面，美到根本不只是名作家們寫的「屏息」而已。剛才的拉車疲憊是什麼？民宿選擇障礙是什麼？那些都不重要啊！

「你們已經被美到說不出話了嗎？」沒人想移開目光、沒人想出聲回應，就怕錯過了、破壞了眼前的美景。

「這只是天堂的迎賓禮，真正的美，出海才知道！」D的話，讓光是晚霞就看呆了的我們，彷彿是沒見過世面的城市鄉巴佬，對「真正的天堂」充滿期待。

愛妮島令人讚嘆的落日，永遠記得第一次凝望時的感動。

愛妮島當地旅行社與政府單位共同訂出經典的四條出海行程路線，價錢透明公開且一致。每天早上9點出發，傍晚4-5點回到鎮上，分別是：

Tour Ⓐ 大潟湖→小潟湖→神秘潟湖→西米蘇島→七勇士沙灘

Tour Ⓑ 蛇島→大教堂洞穴→皮拿布宇坦島→古都農洞穴

Tour Ⓒ 直升機島→神秘沙灘→海星沙灘→馬丁洛圓頂教堂→私密沙灘

Tour Ⓓ 卡勞潟湖→娜娜海灘→天堂海灘→布卡爾沙灘

*此行程為2015年版本，疫情後愛妮島的安排已有所調整，請至「深深愛上愛妮島」官方網站查看最新資訊。

其中Tour A和C是比較熱門的行程，初來乍到的我們在D的推薦與帶領下，選擇先體驗A路線。

記得我們的背包客守則最後一條嗎？「不早起、不跟團、不後悔」。

為了看看D口中的天堂，我們已經打破了先前制定「全職背包客守則」(P.54)中的「不跟團」原

㊤ 當地旅行社出海訂船的小店面。
㊦ 總裁與路邊小巧又可愛的雜貨店。

則，現在還得挑戰「不早起」原則，對我們來說真的很難，但又深怕不出海，便會打破「不後悔」原則。這是不是很像小時候校外教學的前一晚？明知道該早睡、不然起不來，卻又七嘴八舌討論不停；才剛閉上眼，又忍不住跳起來「我想帶零食去！」，或沒頭沒腦來一句「我要穿哪一套比基尼拍起來比較美？」，搞到後來根本還沒睡著就得出門集合了。

天堂，你最好要美到讓我真的不後悔喔！

興奮過頭的我們，眼前停著一艘菲律賓特有的螃蟹船，簡單舟身，兩旁伸出宛如螃蟹腳的骨架穩貼海面，大小島嶼都能輕鬆抵達。在螃蟹船上，常有生在船家的孩子們，平衡感極好地在螃蟹腳上跑來跑去，或把螃蟹腳當作跳水臺，一個接一個，勇敢無懼地跳進海裡。

划獨木舟進入愛妮島潟湖，是我們人生中覺得最美的體驗之一。

D、總裁、我和船伕一行人趁早出海。大家讓我坐在船頭，視線完全零遮擋，風平浪靜的怡人天氣裡，連海面上此起彼落的小波紋都看得清清楚楚。

昨日，當我們站在愛妮島沙灘時，已被毫無污染的海洋景色驚豔；現在，遠離海岸、四面環海的我們，看到的海色更是讓人傻住。好歹我們也是跑遍世界大小海島的背包客，但真的沒看過這種藍，這可不是社群貼文中簡單粗暴的「藍到爆」可以形容的。

高懸天頂的豔陽灑落恰好的光線，輕盈流動的海面上閃耀著粼粼波光，海面下則透出因深度不同而幻變的藍，時而帶著一抹沉靜的穩重，時而融入寶石般的優雅湖水綠，每一秒都目眩神迷。

大家看過李安導演的《少年Pi的奇幻漂流》嗎？其中有一幕是Pi躺在小船上，天地之間他們渺小到像一個點，海映照天，天又像是海。看電影時，我覺得3D動畫真的太厲害了，創造出此等人間仙境，言下之意就是——我才不相信世界上有這麼讓人難置信的美景呢！

但當船伕慢慢划進Tour A最知名的景點「大潟湖」時，我不自覺脫口而出「人間仙境」四個字。

潟湖水面，不只是水面，同時也是天空之鏡。當下我有種天地錯置、彷彿是電影主人翁Pi的感覺。

此刻船伕關閉了引擎，不讓機械聲叨擾這面海天之鏡；D和總裁也收起了談笑，不讓人聲破壞這靜謐。湖面上是我們，比照鏡子還要清楚的我們，清楚的程度，足以讓人相信我們是來自另一個平行時空。鏡子裡的我們彷彿在說：「嘿！你們是不是早就看透了命運，在這神聖的大自然裡等待我們到來呢？」

㊤愛妮島小潟湖　㊦大小潟湖空拍圖

大潟湖由一座座羅列的石灰岩島擁抱而成。每座島矗立於湖面，島上點綴綠意，下緣被海水長年侵蝕沖刷出一處處凹陷，陰影讓人剎那間以為島嶼憑空飄浮在湖面上，奇幻如《海賊王》空島。

累積幾億年的純淨洗滌我們，清新空氣緩緩進入鼻子、喉嚨、氣管，最後進入肺。肌膚被陽光撫摸，雙眼映照著湖水千變萬化的藍，耳朵聽到海浪輕觸每一座島嶼的迷人聲音。每個細胞都被大自然的溫柔能量滲透，前一晚失眠的疲憊不見了，過度興奮的心平靜了，取而代之的是無法言喻的喜悅和富足。

每次到訪大潟湖，都覺得好美而必須合照的我。

藍天與湖面之間，沒有時間追趕，沒有喧囂入侵，沒有破壞到訪，沒有無心感受的過客，沒有人為的水泥叢林，只有平靜，只有感動到不自覺揚起笑容的我。笑開的那瞬間，一股情緒湧上，因為「謝謝我能活著就看到天堂的模樣」，也因為「謝謝大自然的偉大與包容」，也突然害怕起來……「我們會不會有天會失去這樣的美」？

於是，眼淚就停不住地掉了下來。

我一直以來都愛動物勝過人類，認為要不是人類，地球也不會被破壞到這個程度。第一次造訪大潟湖的我，好擔心眼前這片讓我完全不後悔早起的美景有一天會被破壞，我在心裡偷偷地問自己：「我能不能保護好這裡呢？」

那天，我把一部份的靈魂碎片留下來，當作我願意保護它的承諾。

美到不敢呼吸的鏡面大瀉湖。

空拍角度的小潟湖。愛的提醒：第一次在愛妮島出海，真的會忘了呼吸，也忘了眨眼，乾眼症發作，可不要怪罪美景喔！

第四印象——

晚起的鳥兒不吃蟲，划獨木舟裸泳去

隔天D向我們道別，踏上他的另一段旅程，留下對出海資訊一無所知的我們。遵循著身體的本能一路睡到自然醒，才發現早就錯過了出海時間。我們沒讓懊悔影響心情，也沒打消出海計畫。我們一間一間詢問鎮上船家，想碰碰候補出海的運氣，卻四處碰壁。

「欸，不如我們划獨木舟出海？」總裁看著眼前艘艘排列整齊的獨木舟突發奇想。

「蛤？你確定？我沒划過耶……」我很擔心變成拖油瓶。

總裁秀出線條分明的壯碩手臂，還用力拍了拍二頭肌給我看。我一邊大笑，一邊覺得安全感十足，點頭同意了這瘋狂的點子，原來另一半的好身材不只能拿來欣賞，在旅途中還這麼「實用」。

總裁壯碩又令人安心的二頭肌，在旅途中非常「實用」。

我們把救生衣墊在屁股下，增加乘坐的舒適度，帶上兩瓶水，接過老闆遞來的兩枝槳，聽完老闆盡力比手畫腳，但我完全沒聽懂的划行方向指引後，坐穩獨木舟，真正開始海上壯遊。

坐螃蟹船和划獨木舟，感覺很不一樣。坐螃蟹船，身體是被船身包覆，與海面有段距離，即使因海浪晃動也頗有安全感；划獨木舟，身體跟舟身彷彿成為一體，手一伸就能碰到沁涼海水，海面像是浮潛時戴的面鏡，不可思議的透明感，直直看進海底，悠游的魚和綺麗珊瑚如此靠近。

幸運的我們，遇到風平浪靜的退潮日。沿著海灘左側島嶼划向藍綠色的果凍海，兩人四手越划越上手，但上手不代表不會累，在海上每前進一點，都十分考驗手臂肌耐力，於是我們找到一處因退潮而露出來的無名沙灘休息。

划獨木舟覓得專屬於我們倆的秘境。

一處漲潮就消失的海灘，紀錄只屬於我們的美好當下。

爬上無名沙灘上裸露的礁岩，我們居高臨下看著汗水換來的景色——沒有任何人為痕跡，好像神話中描寫的伊甸園。海浪由遠而近，一層又一層輕輕拍打沙灘，內心一股悸動急竄而上。

還來不及把這份喜悅與衝動轉化成語言告訴總裁，就不自覺先有了強烈且大膽的行為。我站起來，把比基尼脫掉，丟在礁岩上，一絲不掛衝進海裡。那一刻，我體驗到嬰兒在母親羊水裡的感受，海洋像是羊水般擁抱著我，海浪不停沖刷，沖刷掉靈魂累積許久的雜質，慾望和自卑也好，框架或煩憂也罷，那些世俗的情緒，都消失了。

一切歸零。

被從未有過的自由感包覆，除了享受「當下」，什麼都不需要，也不必追求。當我回過神時，看見總裁站在岸上呆住了，但他似乎也共感到

了什麼，謹慎確認沒有其他船隻經過或停靠後，就不顧一切光溜溜地衝進海裡緊抱我，肆無忌憚徜徉在沒有束縛、專屬我們的祕密天地。

㊤㊦划著獨木舟，四處探險的我們。

第五印象——

擱淺私人沙灘遇到槍

隔天，我們很有默契，只確認了眼神，就又租了獨木舟出海，想要再次回到昨天的沙灘。只是天不從人願，海相變化莫測，划槳的默契被突如其來的陣陣浪潮打壞。我沒有總裁的肌力和體力，力氣被海浪消耗殆盡，反胃的暈眩感讓我連好好握著槳都做不到。最糟的是，當我們抵達昨日的祕密天地時，發現海水上升了，根本沒有沙灘可以停靠。

總裁冷靜分析現況：這個海相，現在要划回鎮上太難了，必須要找最近的一處沙灘休息。我們艱難划行，祈禱能上岸的沙灘趕緊出現。沒多久後，我開始吐了，一吐就可能會脫水，在海上脫水是非常危險的情況。總裁雖然是冷靜的人，但遇到這樣的危急情況，也緊張了起來。

突然間，我們終於瞥見不遠處的救命沙灘。但，凡事就是有個「但是」——那片救命沙灘應該是船家老闆所謂的「私人沙灘」，除了島主以外，其他人未經允許不得上岸，否則就是擅闖私人土地。菲律賓的私人土地多半有配槍警衛看守，沒人說得準警衛是否會對突然靠岸的我們做出什麼舉動。

「不行！妳暈成這樣，不管是不是私人沙灘，我都得上岸！」

總裁眼見暈船的我越來越癱軟，不管三七二十一，明明事先被叮嚀過、警告過，還是把獨木舟划上了私人沙灘。一上岸，我馬上面朝下趴在沙灘上。當我還在努力壓抑反胃感時，人高馬大的警衛舉著來福槍逼近我們……。

總裁用英語詢問警衛：「I know this is the

private beach, but my girl is feeling sea sick, can we just rest here for 20 minutes?（我知道這裡是私人沙灘，但我女朋友暈船了，可以讓我們在這裡休息二十分鐘嗎？）」，警衛的墨鏡藏住了他的眼神，從他不苟言笑的表情，我們無從判斷總裁禮貌誠懇的詢問是否打動他。

「Okay.（好的。）」警衛回答。

警衛的回應讓我們緊繃的神經放鬆下來。回到陸地的我，狀態很快地好轉。在這種以為是生死交關的時刻，看見自己的另一半像英雄一樣，以我的安危為第一考量，守護著我，真的很感動。但……為什麼配槍的警衛又走回來了？

「蛤？」

聽到警衛來邀請我們加入餐會時，真的是不由自主「蛤」了超大一聲。受寵若驚的我們，被領著走向一幢豪宅，渾身是沙、仍在暈船的我超狼狽，雖然被邀請，卻總有一種亂入的違和感。沒想到大家非但不在意，還主動關心、遞水、餵食，甚至分享暈船的緩解方法，太有愛了吧這世界！

「How long do you stay here?（你們來這裡多久了？）」

後來才知道這座傳說中的私人島島主據說就是菲律賓傳奇拳王Manny Pacquiao。他是曾奪下八個量級的拳王，史無前例的神人，引退後買下好幾座私人島，這裡便是其中之一。

大家一定很想問，開口問我們話的人難不成就是拳王？

如果是就太酷了！可惜沒有遇到島主本人，也

無從證實島主就是拳王，在場有八個人都是島主的朋友，所有人都神秘又低調，不願透露。

總裁向大家侃侃而談我們與菲律賓的緣分——第一次來是為了圓夢，身為業餘賽車手的他非常憧憬Batangas方程式賽車。一聽到「賽車」二字，在場人士興致高昂了起來，原來他們也認識教總裁開賽車的老師，在場的其中一人還是拿過2次亞洲F3賽事的冠軍車手Pepon Marave！

旅行中每每遇到這樣不可思議的緣分，都會讓我更相信「六度分隔理論」*，儘管它已被證實僅是假說，但緣分真的太神奇了。誰能料到我們今天會上不了前一日的祕密沙灘？誰能料到平常不易暈船的我今天暈到吐？誰又能料到擅闖私人沙灘的我們不但沒被驅離，還受邀為座上賓？

人生很奇妙，緣分很美妙。人與人的善意，讓偌大的世界拉近了距離，原以為是悲慘的一天，竟意外迎來美好際遇。菲律賓有多達七千六百四十一座島嶼，我們卻能在其中一座島上相遇，而且還發現有共同朋友，最後成了新朋友，是可遇不可求的經驗。福禍相倚，我相信只要用心去體驗人生，一切都有最好的安排，一如接下來我和總裁的不思議人生決定。

人生未必順遂，每段旅程都有它的意義。那些曲折與風景，都是為了塑造更完整的我們。

*「六度分隔理論」為哈佛大學心理學教授斯坦利．米爾格拉姆（Stanley Milgram）於1967年提出的概念。認為世界上任何互不相識的兩人，只需要很少的中間人就能夠建立起聯繫。他們以連鎖信形式進行了一次實際實驗，證明任兩個互不相識的人之間平均只需要6個人就可以串連起來。

1年往返10次，乾脆直接住下來？

愛妮島推廣大使就是我

被大潟湖美哭的那個時刻，我一直惦記著，也一直記得自己想要保護它的小小心願。對我來說，想要保護它，不是把它藏起來，而是應該讓更多人認識它的美，懂得它的價值，進而一起珍惜它。

當全職背包客的那一天起，我開始在社群上分享旅行照片，一來為自己留下紀念，二來向親人報平安，三來引誘所有人都來當背包客（誤）。就算當不成背包客，也能夠透過我們看見世界有多美。

結果，一發完愛妮島大潟湖的照片，就被各方好友私訊轟炸！

「Sylvia，愛妮島在哪裡啊？」

沒來過大瀉湖，就不等於來過愛妮島！

「要去的話，應該排幾天假比較好？」
「去一趟大概多少錢？」
「治安好嗎？」
「天氣怎麼樣？會不會常下雨？」
「講中文也能通嗎？」
「除了出海，還有什麼可以玩？」
「適合帶小孩去嗎？」

排山倒海的詢問並不困擾我，相反地，我超級開心！就像是發現跟朋友喜歡上一樣的人事物時，真的會發自內心地喜悅，恨不得馬上大聊特聊所有的美好經驗。

第一次造訪愛妮島後一年內，我們帶著一群又一群的朋友玩遍這塊迷人的仙境。最高紀錄曾帶了一整團三十個人一起玩，去到熟門熟路、到處都有人打招呼，我根本可以說是愛妮島推廣大使aka導遊。

即使靜靜地看著海，也能被自然的力量療癒。

在此之前兩年多的全職背包客旅行中，我們也曾遇到很黏人的國度，待上一個月都還捨不得離開。我們以為對愛妮島的情感也是如此。回到台灣時，我愛慘了水壓充足、水溫熱燙的蓮蓬頭，天天大啖隨處可買的美食，用到台灣網速忍不住讚嘆「這個網路速度才對嘛！」但奇妙的是，第一天很享受，第二天很快樂，第三天慢慢平靜下來，第四天……怎麼搞的，我好像有點想念不方便，但美若仙境的愛妮島，甚至有時還會在恍惚間聽見愛妮島的海浪聲在耳邊起落，也有點懷念被辣辣的陽光烘烤曝曬的熱度。踩在家裡軟軟的地毯很舒服，但好像更想踩在愛妮島綿密的沙灘上。

原來……我們不只是捨不得離開愛妮島，而是迫不及待想「回去」愛妮島！難怪我們那一年往返台灣與愛妮島超過十次，卻毫不疲累。

我們帶著一群又一群的朋友來到如夢似幻的愛妮島天堂，創造了更多永恆的回憶。

是一時興起，還是下定決心？

意識到骨子裡對愛妮島是真的有愛後，便開始思考這份愛是一時的，還是我們已經準備好再次冒險，冒一個比辭職當全職背包客更大的險——搬去愛妮島住。

「妳為什麼會動了移居愛妮島的念頭？」

「因為……愛妮島的海很美吧！」

「可是妳也說馬爾地夫的海很美啊！」（我們曾在那裡待了一個月，考了自由潛水的證照）

「對啦……我是說過，但愛妮島不一樣啊！」

「怎麼個不一樣法？」

和總裁討論的過程中，發現真愛真的很難用說的耶！在愛妮島，我常常感受到純粹且無法化作文字的「愛」，流淌在人與人之間、人與動物之間、人與大自然之間。對我來說，真正的愛不是擁有，而是光是看著，美好和滿足就不自覺溢出嘴角。我看著愛妮島的海時這麼想；聽著愛妮島居民超有渲染力的笑聲時這麼想；盯著我們好不容易復育成功，爬向大海的小海龜時也這麼想，還哭了，每一年、每一次護送牠們都哭。

在一次次談話中逐漸釐清想法，更加肯定移居愛妮島的決心後，我們開始在每一次回到愛妮島的旅行中，加入「商業考察行程」。

畢竟「好想搬來這裡住！」這句愛妮島旅行必備的讚嘆語，我們已經聽過太多太多次，甚至我也曾對著總裁這麼嚷嚷過，但「來旅行幾天」和「搬來這裡住」是截然不同的概念，這就好像「戀愛」和「婚姻」的差異。前者會集中目光去看優點，後者則將與所有缺點共活；前者只需要考慮支出，後者還要找到收入來源。

幸好，我們很快就發現愛妮島是深具發展潛力的渡假勝地*：

★ 每年到訪旅客人數以驚人倍數成長中

★ 創刊超過80年，美國最權威的旅遊雜誌《Travel + Leisure》曾評價愛妮島擁有全亞洲第一名的沙灘

★ 全球旅客連續三年評價：愛妮島是全世界島嶼旅行推薦第一名

★ 愛妮島獲「亞洲的馬爾地夫：海上天堂」美譽（原來D沒騙我們！）

*以上皆為2016年時我們移居前旅人對愛妮島的評價。

愛妮島的ENTALULA是全球排名第四名的沙灘島嶼。

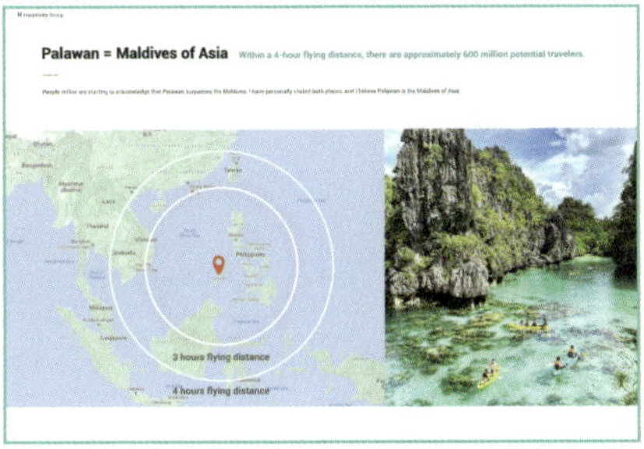

菲律賓的巴拉望如同東亞的馬爾地夫。

國外各大媒體雜誌都認證的愛妮島的美。

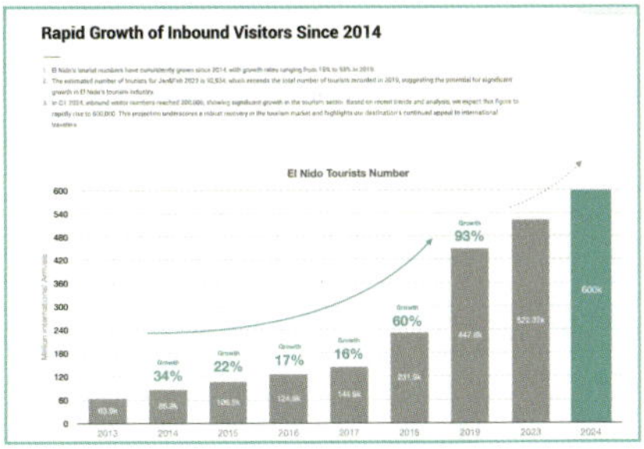

愛妮島自 2014 年以來入境遊客人數增長的趨勢。

歐美人比我們更早一步發現愛妮島的美好，移居的人多到形成「小法國村」，但對中文母語的旅客來說，愛妮島旅遊資訊仍然神秘、具語言障礙。另外，對於不同客群來說，吃喝玩樂的服務需求還有許多未開發的商機。

功課做到這個程度後，我開始相信以總裁的商業頭腦，就算移居愛妮島也不會餓死了（握拳）。那麼稟告親朋好友的時候終於到了！

你們要移居去菲律賓這樣的地方

有了「辭職當背包客」的革命經驗後，二次革命也就輕鬆了許多，雙方父母聽完我們找到心靈歸屬感的神秘歷程，以及對未來詳細的規劃後，都舉雙手贊成，反倒是親朋好友們下巴掉下來。以下節錄部份讓我們啼笑皆非的關心，給未來想移居愛妮島的人參考：

你們去那邊可以做什麼？當台勞嗎？

A——台灣人一向以「工作」為生活中心，以「薪水」為價值判斷，所以才會產生如此接近歧視的問句。二〇一七年底，日本知名唱片製作人四角大輔與日本創業家本田直之合著的書《現在的工作方式還能持續多久？——未來人的行動波希米亞式工作與生活》於台灣翻譯出版，四角大輔於二〇〇九年開始長居紐西蘭的森林生活，透過網路與全世界的客戶聯繫合作；本田直之熱愛衝浪，每年有五個月住在夏威夷，兩個月在東京，兩個月在日本各地，三個月在世界各地旅居，波希米亞式的移動卻絲毫不影響工作上的成就。兩人提出「先決定生活樣貌，再決定工作方式」的觀念，分享各自的實踐過程與經驗。總裁和我也一樣，我們先愛上了愛妮島的海，並主動選擇了愛妮島的生活，以這樣的條件為前提，再去創造喜歡的工作，在我們心裡不存在所謂「台勞」這樣的詞彙。

菲律賓治安不好很亂耶，超危險的吧？

A——如果你對菲律賓的印象還停在政治動盪貪腐、治安敗壞危險的馬可仕時期，那可以更新資訊了喔！近年來菲律賓雷厲風行執行改革，也以海島旅遊成功扭轉自己於國際上的形象，收服了年輕一代的心，早已不是當初那個人手有槍的黑暗國度，尤其純樸的愛妮島更是相對安全。

旅行美國曼哈頓時，半夜僅距離幾條街外的槍聲讓人心驚膽跳；漫步法國巴黎街頭時，除了打破車窗的竊盜事件層出不窮外，還有吉普賽人刻意和我搭話，方便同夥直接伸手進我包包偷東西；即便以治安好而聞名世界的台灣，也會發生持刀砍人或槍擊事件。

台灣駐愛妮島推廣大使是我！既選擇愛上並移居這裡，我會努力守護它並創造喜歡的生活。

美麗又充滿人情味的 Nacpan Beach。

全世界所有國家都偶有治安不好的事件發生，加上新聞媒體總會挑選聳動的負面新聞來播報，的確容易讓人產生感受偏誤。

目前定居愛妮島已超過七年，我們可說是純樸民風的親身見證者。半自給自足的海島資源匱乏，居民對生活的要求是「足夠就好」；相對城市來說，因為較無比較心態，對金錢的慾望較低，也就鮮少有犯罪事件發生，近期最嚴重的一起犯罪事件是腳踏車竊案。除非你是別有心思要來盜採林木與盜捕野生動物，否則應該很難遇到流血事件。

聽說許多東南亞國家都排華，菲律賓會嗎？

A——在許多人眼裡，東南亞各國感覺是一個區域，而不是各自獨立的國家，常有人錯把排華事件連結到菲律賓。但實際上，我們在愛妮島完全沒有感受到任何的排華情結和種族歧視，反而結交了許多像家人般的當地友人，在我們離鄉背井打拚的日子裡，無私給予我們很多幫助。

坦白說，一開始不斷接收質疑意見時，我們也很心煩，後來仔細試想，提出想法的人多半沒有去過菲律賓，更別說是愛妮島。我們可以理解提出這些疑問的親朋好友毫無惡意，只是出於關心與擔憂。那麼，親自來過無數次、也深思熟慮的我們，又何必在意呢？。

自己的人生，自己決定！

沙灘上慵懶的貓。有時心想：「牠們這樣或許才是真正的活著？」

Chapter 3

關掉你的濾鏡

愛妮島荒島求生記

A dream doesn't become reality through magic;

it takes sweat, determination and hard work.

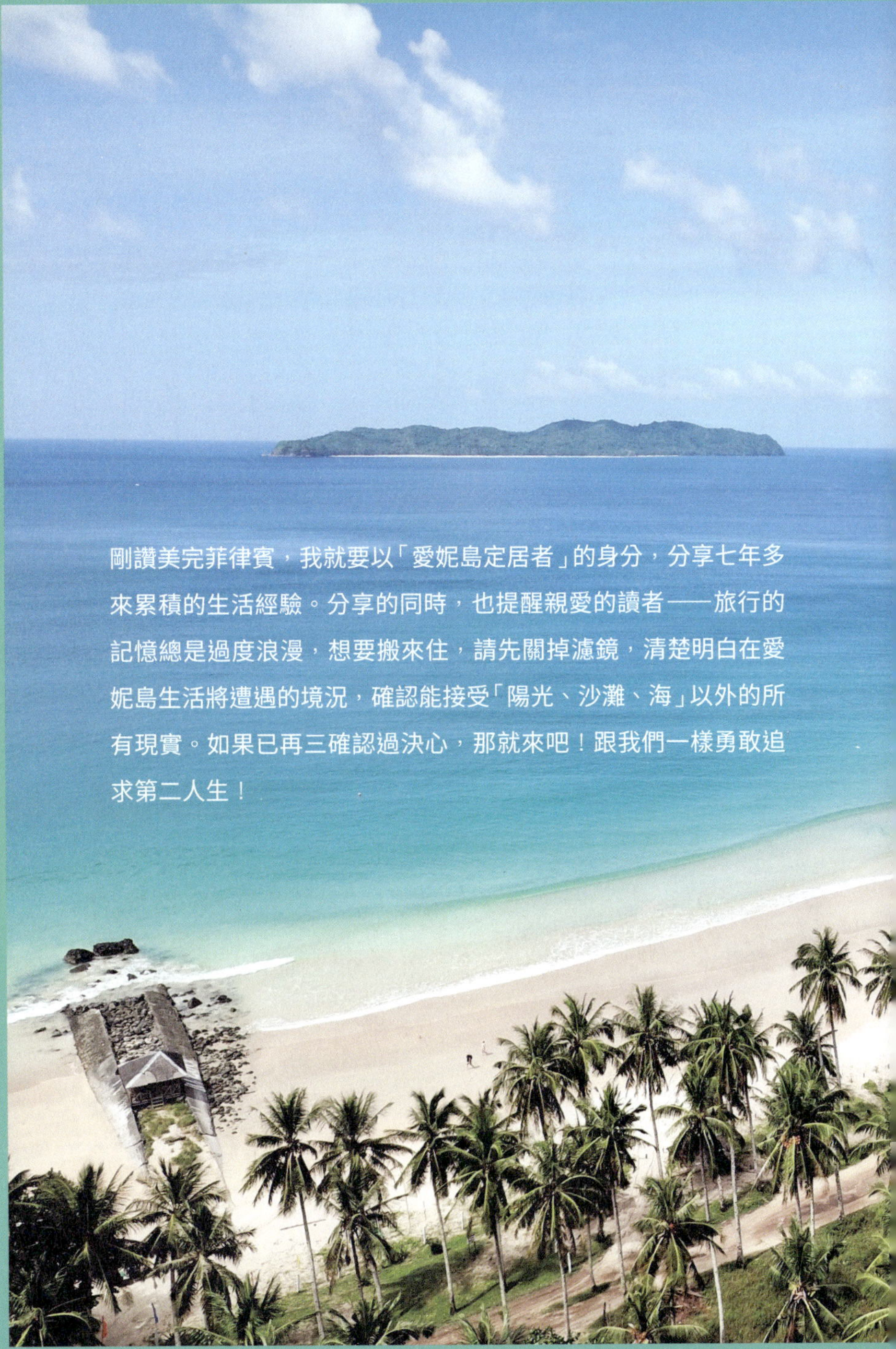

剛讚美完菲律賓，我就要以「愛妮島定居者」的身分，分享七年多來累積的生活經驗。分享的同時，也提醒親愛的讀者——旅行的記憶總是過度浪漫，想要搬來住，請先關掉濾鏡，清楚明白在愛妮島生活將遭遇的境況，確認能接受「陽光、沙灘、海」以外的所有現實。如果已再三確認過決心，那就來吧！跟我們一樣勇敢追求第二人生！

吃飯皇帝大，但2016年前的愛妮島，皇帝也可能沒飯吃

來愛妮島旅行，走進一間餐廳，菜單上超過七〇%的餐點可能都會標註「今天無法提供」。請不要大驚小怪，也不用懷疑自己是不是被針對了，這不過是愛妮島的日常。

愛妮島位處巴拉望北邊，石灰岩地質貧脊不適耕種，加上海邊高鹽環境不利生長，蔬菜種類少到兩隻手數得完，因此大量的食材來源都要依靠菲律賓本島運送。每天固定班數的貨船從馬尼拉行駛到巴拉望南邊的公主港，在公主港被搶剩的食材，才能拉車載運到北邊的愛妮島。如果天候不佳，船班無法行駛，或是南北交通有狀況，我們就成了無菜可吃的人。

沒有菜，吃海鮮總可以吧？畢竟愛妮島在海邊，有那麼多漁船能夠捕魚呀！乍聽很有道理，但捕魚也是看天吃飯的行業，所以常常今天沒有這種魚、明天沒有那種貝，甚至突然連蝦都神隱，這些都是正常狀態。想當然，即使是海鮮餐廳，也會遇到多數餐點無法供應的狀況。

還記得有一次，我們經營的中式餐廳竟然連續一整個禮拜都買不到蔥，除非餐廳願意咬牙空運食材，否則缺東缺西很正常。

捕魚是「看天吃飯」的行業，有時只有小蝦，但偶爾就會有意外的超大龍蝦！

因為愛動物，不忍因口腹之慾傷害牠們，我已經吃方便素超過十年。即便如此，我依然是朋友眼中挑嘴的吃貨。菲律賓重油重鹹、燒烤炸肉、缺乏新鮮蔬菜的飲食型態，著實讓二〇一七年的我瘦了好幾公斤，是我吃貨人生中遭遇到最艱難的時期。

但真正的吃貨，從不輕易放棄美食！

現在許多移居愛妮島的外國人選擇創業，帶來道地的異國家鄉味。中泰越法德日義式料理應有盡有，可惜就是沒有美味的純素料理。多年前，總裁在荷蘭麥田圈靜坐時，如受到外星人感召般，決定不再食用肉類，而二〇二一年的一個意外，更是讓他決定連海鮮都不吃。他漸漸理解我覓食的困難，我們隨之開始評估開一間純蔬食餐廳的可能性。

在荷蘭，總裁在麥田圈靜坐感覺到神奇的力量後，就開始八年不吃肉。

如果要開餐廳，我們對自己最大的期許就是「別讓客人點不到菜單上的餐點」。果然食材取得不易是最讓我們頭痛的難題，雖然可以不計成本用空運取得新鮮食材，但我們更希望可以向愛妮島居民購入當地食材，創造具有當地特色的美食，那麼設計餐點的主廚就是靈魂角色了。

愛妮島最大純蔬食餐廳「Ver De」施工景象。

我和總裁到處探尋合適人選。最後總算「皇天不負愛吃人」，我們在公主港吃到一間讓人眼睛為之一亮的純蔬食餐廳「Ver De」。與主廚促膝長談後，他深深認同我們的理念，並且願意合作。經過大半年努力，2022年9月，我們讓全新型態的「Ver De」以巴拉望最大純蔬食餐廳之姿開幕。

看完第一段生活經驗談，讀者應該可以更加理解為什麼我總說這是「荒島求生記」了。我們當然可以無奈地被動接受，或者選擇積極主動創造。

在蔬菜比肉貴的愛妮島上，我們也打造了自己的開心農場，堅持使用當地食材，減少碳排。

蔬食餐廳施工、裝潢完成，與餐廳理念相符，裡裡外外都綠意盎然。

美味程度媲美米其林等級的純素料理，不少吃到的旅客都有想加盟回國的想法，在資源相對稀缺的愛妮島能達成這樣的目標感到很榮幸。

想喝珍奶？
那就自己開一家！

剛移居愛妮島時，我們的台灣珍奶控朋友浩核也一起搬來了，和咖啡成癮的人一樣，喝珍奶是他開啟美好一天的儀式。搬來愛妮島後，他最痛苦的就是找不到好喝的珍奶。

比起珍奶，我更愛泰奶。說也奇怪，我會因怕胖而拒絕珍奶，但只要去泰國，一天至少要喝上兩杯甜滋滋的泰奶。但是！愛妮島沒有泰奶。完全理解對方心苦的我們倆，你一言、我一句互相發牢騷後，一個從沒想過的念頭一閃而過：乾脆自己創業，開全愛妮島第一家手搖店！

說出來的時候，連我自己都以為只是個玩笑話，畢竟擁有商業頭腦的是總裁不是我。但因為人身在異鄉，常常想念家鄉味，因此要是想要「喝」到熟悉的味道，除了挽起袖子自己來以外，別無選擇。經過一番商議，我們決定順著這股衝動，

想都沒想過自己的人生會為了「想喝珍奶」的念頭，開一間珍奶店。

拚搏人生的首度創業！

接下來就要分享泰奶控（我）和珍奶控（浩核），在愛妮島的創業過程：

第一階段——各自取經，取得原料

浩核負責回台灣手搖店打工，一邊學習流程，一邊取經配方比例。我則是喝遍台灣販售的泰奶沖泡包後，依然不滿意，直接飛去曼谷BigC一箱一箱地把原料搬回台灣，再飛回愛妮島。

㊤ 特地去泰國批發手標泰奶。

㊦ 開箱珍奶的材料，準備開店。

第二階段——設計攤位

在台灣創業加盟，母公司會派人來幫你打造整間店；就算沒有加盟，也可以到環河南路五金街找到適合的器材。退一萬步來說，這些都不會也沒關係，可以聘請設計師幫忙。但愛妮島沒有這樣的人才。由於當地的氣候、建材條件與整體環境都與台灣大相逕庭，對台灣設計師而言，很難遠端單憑想像打造出合適的手搖攤。浩核雖是過著精緻生活的細膩男子，卻也對設計一竅不通，於是重擔就落到了我身上。

徒手打造的攤位。

為了打造水槽，我們費盡心力。

攤子的骨架和視覺還難不倒我，先是好好地把腦中想像的樣子畫下來，再請木工師傅依樣畫葫蘆就行了，其中最關鍵的難題反而是打造水槽。我們的手搖店沒有店面，是一個小攤子，做好飲料後若沒有馬上洗乾淨，熱帶的溫度會立刻引來蒼蠅螞蟻開趴。看到這裡大家可能會想：「這麼簡單的問題，不就買一個水槽，打開水龍頭就能洗了嗎？」但是事情往往沒有我們想像的這麼簡單。「水槽要從哪裡接水？水管要接多長？把水接過來途中會遇到什麼障礙？洗完的污水要排去哪？……」一連串的問號對當時的我們來說都是大哉問，畢竟以前從來沒有相關經驗。

沙盤推演好幾輪，我們決定回歸最原始的作法：用很大的水桶充當水槽，挖一個洞讓水流下去，下面則擺另一個水桶接污水，一旁還有許多備用水桶，定時更換。

雖然陽春到爆，但我們的生意卻很火熱喔！因為我們是愛妮島第一家，也是唯一一家手搖店，當時可說是完全壟斷全島生意。

第三階段——訓練員工

前兩個階段雖然艱難，但第一次創業的興奮感徹底壓過痛苦。我們每天都在解決問題，也每天都覺得超有成就感，結果到「訓練員工」這關時，興奮感整個被澆熄。

招募員工前，我和浩核制定好清楚簡單的流程，只要按照步驟，煮茶、煮配料、調飲料都很容易上手，並且絕對可以做出我們兩個最愛的味道。只是我們千算萬算，卻沒想到會在員工訓練環節遭遇天大的挑戰。

「咦？這個甜度好像不對。太甜了。你加了多少糖？」

「兩湯匙。」

「為什麼？我給的流程是一湯匙啊？」

「我覺得兩湯匙比較好喝，一湯匙不夠甜。」

當時的我，因員工會在任一環節加入個人意見而非常苦惱，但即使是台灣人與台灣人都會有口味喜好的差異，更不用說是身為台灣人的我和菲律賓的員工們了！了解到這個狀況後，我就想：「畢竟我們才是外來者，面對不同的民族性，只能慢慢磨合，自己親自盯場了！」但隨後，我便遇到了更艱難的挑戰。

我可愛的珍奶妹妹。

第四階段——事業是事業，不是你的小孩！

浩核其實是個標準都市人，在愛妮島待了一陣子後還是決定移居到首都馬尼拉，手搖攤便由我獨力經營。為了維持我心目中的標準，每天幾乎從早到晚都守在攤子親力親為。十二小時的工時比在台灣當白領還長，回到家只想躺平，不想笑、不想聊天、不想做任何事，當然也就不會給總裁好臉色。我們的相處品質一落千丈，還為此吵了好幾回架。

「妳是老闆，妳要做的是訓練員工，不是什麼都自己做！」

「但他們會做錯啊……」我覺得有點委屈。

「他們做錯，就再教一次，真的不行就換一個新員工來做，不然妳會把自己做到死。」

「這是我的事業，我有我做事的方法啊！」不服氣的心情也湧出來了。

聽著總裁尖銳的質問，一開始我覺得完全不被尊重。事業小歸小，也是我一手打造的。許多粉絲為我而來，買一杯手搖聊聊天，在攤子前拍張照，甚至帶來愛妮島買不到的點心、寫小卡給我，這些瑣碎的小事都會讓我開心好久，滿心感恩。多次爭吵後仍沒有共識，直到總裁拋出這個問題，我才靜下來思考。

「妳當初為什麼搬來愛妮島？」

「因為我喜歡海……」

「妳多久沒出海了？這是妳想要的生活嗎？妳是為了開手搖店才來愛妮島嗎？」

總裁年紀很輕就積累許多創業的經驗，長大以後擁有寬闊的商業格局。他邀請我一起站在更高的視野反省「事業於人生中的意義」。他的這段話如當頭棒喝，點醒了我經營事業是為了實現夢想，讓人生過得更好，和身旁所愛的人一起過著嚮往的生活。

我們常會困在慣性思考的模式裡，轉念極其困難，總裁的提醒使我決心改變，成為打造舞台的人，給予我的員工登上舞台、展現自我的機會。一開始超不習慣，也非常不安，很擔心自己不在時，大家會不會出包？手搖飲的味道不好，會不會收到負評？漸漸地，我用左手抓住右手，忍住自己來的衝動，只教學、叮嚀、鼓勵、獎勵，練習全然信任員工，讓員工慢慢成長，也終於把自己的時間搶回來，和最愛的人過最愛的生活。

我的第一次創業，在愛妮島。喝不到珍奶，就自己來，獲得很多珍貴的經驗。我走過從零到一的創業過程，學會銷售技巧，學會用更大的格局看待事業，也結識所有曾來探班的粉絲們。「他鄉遇故知」的溫暖可遇不可求，這些支持讓一切的辛苦都轉化成甘美的果實。

現在，如果來到愛妮島，想找我的珍奶店，只能看照片回味了。疫情來時我們再捨不得也得捨得，暫時把店收了起來。疫情緩和後，我和浩核決定讓樸實的珍奶店進化，找來台灣知名手搖品牌「烏弄」延續我們的創業夢。如果思鄉病犯，記得來找我們喝一杯烏弄珍奶！

每件不樂見的事，都可能帶來更好的事。

水水的海島，也不一定有水喝

愛妮島取得水源的方式有三種：

井水：就像我們在電視上看到的，探井、鑽井，每天去打水

地下水：若有適合的水源開發點，就可以用幫浦把地下水抽上來使用

雨水：你能想到最原始的方式，接雨水、儲雨水，當作日常用水

由於愛妮島尚未建構完善的自來水設施，上面列舉出來的水源都是自然取水法，未經濾淨，純淨度自然不如城市。我們自小習慣水龍頭轉開就有水的生活，來這裡可能要多做一點心理準備。

剛搬來時，我常看到讓人心疼的畫面。一大早，才剛上小學的孩子跟在熟練頂著大水桶的媽媽身後，來回步行五公里，只為去最近的一口井汲取淡水。如此費力取得的水量，大約能讓全家人用一天。也就是說，我們看來辛苦的勞力活，是他們每天的日常。

愛妮島當地小學的用水多半會想辦法自給自足，像是將鐵製水龍頭水管直插進地下水源，讓學生與老師使用。但愛妮島位處海邊，含有大量鹽份的海風鎮日吹拂，鐵製品不到一年就會鏽蝕腐壞。學校缺乏經費年年更換設備，只能任由口渴的學生飲用鏽蝕水龍頭所汲取的地下水。

雨季時至少還有水，若到了每年十二月至隔年五月的乾季，沒了雨水可接，井水也可能乾涸，愛妮島全境都會陷入缺水危機。出水量小是正常的，更麻煩的是出來的水通常是黃濁的泥沙水，根本無法使用。

此外，乾季的濕熱讓人幾乎一整天都汗流浹背，一回家就想好好洗個澡，把身上沾染的汗、鹽、沙都洗掉。遺憾的是，用泥沙水洗澡身體也不

會變乾淨。有一年我甚至憤而把一頭長髮剪短，才不會讓總裁乾季時，每天都要聽我抱怨。

說了這麼多關於愛妮島水源的日常，最後要提醒大家，不管來玩還是來住，只要發現店家使用的冰塊不是一顆一顆獨立成塊，而是用冰鑿敲切，就請儘量不要食用，那可能會讓人感染細菌，腹瀉數日。自己準備飲用水會是更明智的選擇！

人生第一次買儲水桶，才不會太快缺水。

那個……柱子好像歪歪的？

我和總裁在愛妮島的第一個家位於小鎮上，是一間六坪大的長形套房，大概跟台北大學生租的套房差不多大，一開門就差不多把整個家看完了。我們蝸居在這間套房長達三年，每天東奔西跑，忙到晚上才回家，總是立刻倒頭就睡，紮實認真地做我們的第二人生夢。

如果你問我，想在愛妮島何處打造自己的家，毫無疑問，一定是讓我們一見鍾情的Nacpan Beach。

Nacpan Beach距離愛妮島小鎮大約二十四公里，搭嘟嘟車來回一趟要價一千二百到一千五百披索，不但路途遙遠所費不貲，還要忍受糟糕路況帶來的屁股炸裂感以及飛揚沙塵伺候，真的不是渡假時會想選擇的路線。一直到第三次到訪愛妮島，我們一行人浩浩蕩蕩二十三人，索性直接包車，才有幸與Nacpan Beach相遇。

我們住了三年的6坪小家，雖小但卻充滿很多回憶。

我們就是為了這片沙灘，移居來此，人生第一次蓋了夢想的看海房。

一踏進這個連當地人都讚不絕口，卻鮮少人實際到訪的神秘沙灘時，本來吱吱喳喳開心吵鬧的大家瞬間安靜下來。細緻到不可思議如痱子粉的無人沙灘，搭配把Pantone色票上的藍全用光的漸層海，走遍各大洋海島的我當場就想封這裡為世界上最美的沙灘，美到用Beautiful形容這裡只會顯得俗氣與單薄。

在這裡，什麼事都不做，也會充滿被療癒的感動。後來我們每次回到愛妮島，都會心甘情願承受舟車勞頓的辛苦再次造訪。次數累積多達兩位數時，便起心動念希望未來能在這裡生活。

但夢想如果沒有努力執行，就會變成白日夢。愛妮島鎮上居民Donde和我們變成好朋友後，每天騎著摩托車載著總裁在塵土飛揚的小路上奔走，早出晚歸，找方法實現我們的夢想。老天一定有被他的堅持感動，我們真的找到辦法可以開始蓋房子了！

克難地用龜速網速找到貼近兩人夢想「家」的外觀圖後，總裁請小學同學樂樂勾勒基本設計圖。透過當地人介紹，找來用三十萬新台幣就在愛妮島蓋好自己家的Bash幫忙。過程無比順利，我們滿心期待落成之日。

第一次驗收的那天，太大陽下我們瞇著眼、皺著眉、盯著八根柱子看。

「欸……中央那根柱子是不是有點歪？」我有點懷疑是不是自己眼花看錯。

「怎麼可能！當然是ok的啊！」Bash和工班們一搭一唱。

感覺不算數，數字才是真理。總裁拿出工具，不量則已，一量真的笑出來。我們原本以為八根柱子裡，只有中央那根是歪的，殊不知情況完全相反，只有那根是正的！

房子施工初期，有點歪的柱子。

菲律賓人天生隨性，凡事「憑感覺」，容錯率超大，常發生明明設計圖畫得很清楚，但施工出來的樣子完全不符的狀況。當你提出合理的質疑，對方還會覺得委屈，認為這樣明明就「還可以」。經此一役，我們真正體驗到當地人的「專業」跟我們的認知有不小的落差。無奈之餘只能砍掉重練，重新找了另一家營造廠商J來負責。

這次人沒問題了，但建材運送有問題。愛妮島當地的房子大多簡陋，僅僅用竹子搭蓋起來人就住進去（請上《三隻小豬》的配圖！），但我們想蓋的是鋼筋水泥的房子，一間可以抵擋颱風的紮實房子。所有建材都必須從巴拉望最南邊的公主港運到最北邊的愛妮島，道路路況不佳，還歷經了橋樑坍方的大事件。總裁每次聊起這件事，都說如果再來一次，他一定會直接買一台大卡車，因為當時花在運送建材的費用真的超級貴，貴到超過卡車的價值。

第一次為了蓋自己的房子監工。

㊤排除萬難、歷時九個月，我們的新家終於在二〇一七年完成。
㊦新家當時成為愛妮島第一間擁有落地窗的海景房。

一邊看著房子逐漸蓋起來，我們一邊想，到時候家蓋好了，我們吃什麼呢？每天震裂屁股去鎮上吃？這太不符合經濟效益了吧，而且光想就覺得累。除此之外還有個問題，整片沙灘只有我們這一戶，爽是很爽，但怎麼好像也有點可怕！有沒有什麼辦法，可以讓我們住得開心，吃得開心，還能讓朋友一起玩一起享受呢？

「如果有間能供餐的沙灘酒吧，是不是就解決了？」

「還要有地方讓大家住！」

「對，要讓遊客能來這裡，感受我們當時被美哭的感動！」

「聽起來蠻有道理的，但要怎麼做呢？」

要在沙灘上蓋旅館嗎？鋼筋水泥那種？可是當初我們的感動是來自大自然，有沒有機會讓到訪的人也體驗「住在自然中」？住帳篷如何？但在熱帶沙灘上搭帳篷合理嗎？這麼熱的天氣住在帳篷裡會不會悶壞？帳篷裡可以裝冷氣嗎？上廁所和洗澡怎麼辦？該不會要挖化糞池吧？沒有政府供水供電，我們有辦法成功嗎？

無前例可循的我們，從沒蓋過旅館，就想出這個瘋狂的沙灘帳篷點子。於是總裁再度找來身為建築師的小學同學樂樂幫忙規劃設計，而我們也一邊進行場地勘查，才發現Nacpan Beach的地質很接近淡水的紅樹林，土質非常鬆軟。直接把帳篷放上去會塌陷，必須先整地，但整地勢必得砍掉一些樹木。

「如果要砍樹，我就不幹了。」原本合作愉快的英國助手Bash是個不折不扣的環保人士。

「我保證砍一棵樹，就種四棵還你！」總裁明白環境保育的重要，霸氣地承諾。

最後，整地過程砍不到十棵椰子樹，總裁卻在綿延四公里的沙灘上，種了四千株灌木和三百棵大樹，蓮花帳篷酒店就座落其中。這十八頂蒙古包帳篷與克難又狹窄的帳篷體驗絕對不同，空間媲美飯店雙人房。內有兩張經過我們親自試躺後才採購的優質雙人床、日式榻榻米風格地板、兩張設計師單椅、保險箱等設施。除了一大三小的風扇，乾季晚上還可以開冷氣紓解悶熱。

除了「砍一種四」的種樹計畫說到做到，更多植栽了4530株熱帶植物。開發的同時也要與自然共存，才能共創永續的未來。

蓮花帳篷旅館（Nacpan Beach Glamping）榮獲菲律賓第一名特色帳篷旅館。帳篷園區裡設有泳池。

帳篷內部都有冷氣、冰箱跟舒適寬敞的空間，同時又能感受大自然的環繞。

帳篷不只被熱帶植物環繞，一開帳門，映入眼簾的就是蔚藍大海。

海是你的，沙灘是你的，藍天是你的，海風是你的，森林是你的，皎潔的月亮是你的，繁星點點的璀璨星空也是你的。人們與大自然的一切是互相擁有的關係，不獨佔、不破壞，這就是我們想與大家分享的感動——回歸大自然。

移居愛妮島初期遇到重重困難時，我真的超常內心崩潰大叫「該怎麼辦！」。但因為有愛，所以我們一一克服。我們也決定，在這片土地做的任何事，都要能與愛妮島互惠雙贏。

既然愛上的是愛妮島的簡樸自然，就要接受它的物資缺乏，所有建設都要靠自己，沒有前例可循。因為不一定找得到有經驗的人取經，做什麼都得捲起袖子親力親為。失敗了先接受現況，起身再換一種方法，就像柱子歪了，就再蓋一次。

現在房子蓋好了，沙灘酒吧開了，蓮花帳篷旅館一頂一頂撐起了，總裁的H Hotel還有更多計畫正待一一開展，這一切是我這輩子難忘的回憶。

㊤ Nacpan Beach 上第一組躺椅。
㊦ 我們在奢華的城市長大生活後，出走繞了地球半圈，最後決定在這片最愛的夢想沙灘島嶼度過餘生。

㊤ Nacpan Beach 走到底會看到超美 Twin Beach。
㊦ Nacpan Beach 的晚霞，是我走過這麼多海，見過最粉最美的。

網速讓我們很有距離，重度網路上癮者注意！

現在幾乎人手一支的智慧型手機，搭配的網速就算不是5G，起碼也有4G，但愛妮島是另一個世界，不是沒有距離，是非、常、有、距、離。

二〇一四年第一次來到愛妮島，造訪大潟湖拍出媲美VOGUE封面等級的世紀美照，超想立刻上傳臉書炫耀。在我的執念加持下，美照終究成功上傳，但破天荒地傳了整整四小時，中途還失敗三次，要耐著性子重傳、重傳、重傳。

當時只是旅人，所以還能以「好好享受當下」來安慰自己，就算總裁求生慾強烈地幫我拍了非常多跨頁級美照，也無處可炫耀；但這麼大的包容力，絕對是旅人限定，如果成了定居者，真的很難不抱怨！

二〇一六年剛移居時，菲律賓標榜4G的預付卡網速其實只有3G。文字傳輸尚可，但若是圖片或影音檔就跑不動了。線上電話會議時，要習慣不時有雜訊搶頻。以前總讓我不屑一顧的長輩圖，當時就算想看也得恭恭敬敬等候幾分鐘才有機會看到。至於YouTube或Netflix，抱歉，卡到連看劇的渴望都消耗殆盡。三餐都要聽音樂？你得接受時不時的延遲問題，好好聽完一曲竟成奢求。最可恨的是，當你已經放棄「網速」這件事時，連「訊號」都會來搞你，時有時無、若即若離的網路訊號，像極了該死的曖昧，有的話要感恩，沒有就白眼多翻幾圈，然後也不能怎樣，只有接受的份。

不過，人真的是容易習慣的動物。在愛妮島時每天都被「慢到深處無怨尤」的網路氣到，回到台灣又會被「狂飆」的網速嚇到。打字聊天零秒差，才剛送出訊息，朋友立刻已讀回傳。電梯、地下室、高山上也常訊號滿格，常常讓還沒切換回台灣模式的我小小慌張一下。

幸好，愛妮島的網路一直龜速進化中，二〇二〇年之後，網路基礎建設慢慢跟上腳步。整個愛妮島區域不但建立許多基地台，Lio Beach還號稱是第一個配備了光纖網路的重劃區。

目前一張照片的傳輸時間已經從二〇一五年的四小時，進步到二〇二〇年的四分鐘！五年間加快了六十倍！別嫌四分鐘慢，這個進步於我感受如同阿姆斯壯踏上月球那一步。因為有這個限制，臉書粉絲團「深深愛上愛妮島」一開始發佈的貼文幾乎都是單圖，因為再多就傳不上去了。

不是只有颱風天才會停電

停電時的救命火鶴。

台灣電力供應雖有南北不均的現象，但整體而言是穩定的，頂多因為天候或地震等因素導致設備受損才會臨時停電，但在愛妮島停電也是日常生活的一部分。

二〇一六年我們剛搬來時，每天都會有半天無電可用，甚至曾二十四小時都等不到電來。因為愛妮島湧入比過往更多的遊客，電力不足就會引發跳電。當時，約有兩成的旅館和餐廳忍無可忍，乾脆斥資採購發電機，一遇停電經過三至五分鐘運轉就能暫時性供電。二〇二三年以後，自行配備發電機的店家已經成長到七成。

即使如此，仍有店家堅持「愛妮島 Style」不買發電機。一跳電就點起蠟燭，整間店燭光搖曳，反而超級浪漫別具特色。

過了這麼多年，愛妮島一點一滴在進步，已經不會說停電就停電了。就算偶遇停電，大家也都臨危不亂，選擇自己想要的方式「讓生活繼續過下去（life keeps going on）」。

停電時點起蠟燭，充滿儀式感。

淹水看出你是哪國人

台灣有清楚的冬夏季（據說沒有寒流的話，連冬季都快消失了嗎？），而菲律賓愛妮島則是以「乾季」和「雨季」來區分季節。

每年十一月乾季開始，颱風輪番到訪，東北季風影響較大，浪況不太穩定。一月浪況平靜許多，適合愛玩水的人瘋狂出海。七月下旬幾乎天天都有短暫午後雷陣雨，八至十月則進入雨季，每位旅客都會體驗到什麼叫做「Drama Season」，一下滂沱大雨、一下豔陽高照。出海時，天空雲層善變到令人目不暇給，但是受到全球氣候變遷的影響，愛妮島的雨季似乎沒有像以前那麼多雨了。

我們剛搬來時，基礎建設不完善，明明是海島渡假區，排水卻做得很差。每年雨季遭受雨彈轟炸時，愛妮島小鎮瞬間就成了泥流之國，每一條你曾經踩在腳下的小街道，都成了泥黃色的混濁小河。

淹水時，沒有愁雲慘霧，只有玩得不亦樂乎的孩子們。

以前愛妮島下雨就會淹水，現在排水系統已日趨完善。

住在台灣那麼久，看過那麼多水溝的整治，馬上就聯想到：「水淹成這樣市長會被罵爆吧！」、「這也太髒了吧！」、「排水系統又在修了喔！」如果你以為愛妮島居民也一樣謾罵、抱怨，那就錯了，他們會開開心心在泥流河上划獨木舟假裝釣魚，悠哉地站在SUP上「視察」小鎮，甚至跳進泥水中游泳！

我沒有潔癖，但一想到那條泥流河是由大便、污泥、垃圾所組成，我就完全沒有辦法讓身上任何一處肌膚碰到泥水。當地人樂天玩樂的表情，和害怕得要命的我形成強烈對比，最終還是總裁以公主抱的方式，抱著我移動到安全的地方。

值得慶幸的是，近年政府重新整修了鎮上的排水系統，即使雨季來臨，泥流王國的盛況也很少上演，災難情景已成過去式。

我不准自己生病！因為不一定有藥醫

許多台灣人都以世界級的醫療水準與健保制度為榮。成為全職背包客以來，時有耳聞在國外看個醫生就會傾家蕩產，或是醫療資源稀缺，預約掛號曠日費時，好不容易排到時間，癌症可能都從一期發展到三期了。

目前愛妮島有三間診所、兩間醫院，但一直缺乏足夠的醫療人員和完善的設備。如果要做進一步檢查與治療，就得到車程六小時外的巴拉望。換句話說，就算是嚴重的傷口或病危，患者都必須撐過六小時才能獲得醫生診治。

有一次，總裁高燒不退伴隨嚴重腹痛，寸步難行，連床都下不了。我沒有能力架著他到最近的診所就醫，急得跟朋友求救，朋友幫我們直接把醫生請到家裡來。我開門讓穿著夾腳拖的老醫生進來，他打開超舊的醫生包，拿出簡單的聽診器聽診後，請我拿一個衣架。我心中一時充滿疑

醫生來家裡用衣架打點滴，相當獨特的經驗。

問，原來是他判斷總裁需要吊點滴，補充水份也同時注射藥物，需要衣架充當點滴架。

一切就續後，他尋找適當的下針處，準備施打靜脈留置針。總裁一直都有運動習慣，所以血管並不難找，但老醫生瞇著老花的雙眼，用顫抖的手，戳了二次還是沒到位，之後又來來回回扎了好幾針，好不容易才扎對點。老醫生撕下一段醫療透氣膠帶黏貼針頭，接著又撕下一段補強，直到用掉快半卷膠帶，把總裁的手捆得像木乃伊後，終於要開始打點滴。這時突然一道血柱噴出來，從剛剛一直壓抑著擔心害怕的我，眼淚終究還是因為擔心總裁的安危而潰堤。也許讀者看到這裡會覺得我很浮誇，但此情此景不是親身經歷很難理解我的恐懼。老醫生當時還老神在在安慰我：「沒事沒事，這很正常。」這種安慰對我而言毫無說服力。

醫療資源的稀缺，不只是醫生難尋，也包含醫療費驚人。一次出海，總裁因船板濕滑不慎踢到船緣，腳趾頭指甲掀了一半，打了麻醉後拔除。這樣簡易的傷口處理，竟要價六千披索（以當時匯率計算約為新台幣四千元），這還不含任何後續藥物。

我與當地朋友聊起菲律賓醫療費用高昂的問題，他提到，以他們平均薪資一天大約五百披索計算，六千披索相當於當地人半個月的薪資。二十七歲的他也因為看醫生很貴，這輩子還未進過醫院或診所就醫。「不用看醫生啦！上次我也整片指甲掉下來，就去藥房買便宜的藥擦，放著讓它自己好。你看！現在也好好的啊！」他由衷地說。我看著朋友變形又泛黑的左腳拇指和爽朗真心的笑容，真的既心疼又無能為力。

人的病痛就已難以處理，更別說寵物和動物。

愛妮島鎮上沒有任何動物醫院，但我從鬼門關搶回來的貓兒子毛毛自小體弱多病，我常常束手無策地用超爛的網速，打電話回台灣向獸醫朋友求助。當發現毛毛口炎嚴重到影響他攝取營養時，我們只能拉車六小時去公主港，帶毛毛坐飛機到馬尼拉，才有足夠專業能夠處理拔牙的動物醫院可看。我完全不敢想像如果發生任何危急狀況該怎麼辦，這裡根本沒有二十四小時專業的動物醫院。

Covid-19疫情爆發後，鎮上終於有了第一間「綜合醫院」。第一次走進那裡，是要帶我的貓女兒姆姆照X光，樂天的愛妮島醫護人員竟逗趣地說：「她是第一個來照X光的病人！」這就是愛妮島獨有的「病痛之前，人獸平等」——平等地沒有醫生看。自從總裁驚險吊點滴那次過後，我便時刻提醒自己：「我絕對不讓自己在愛妮島生病，絕對！」

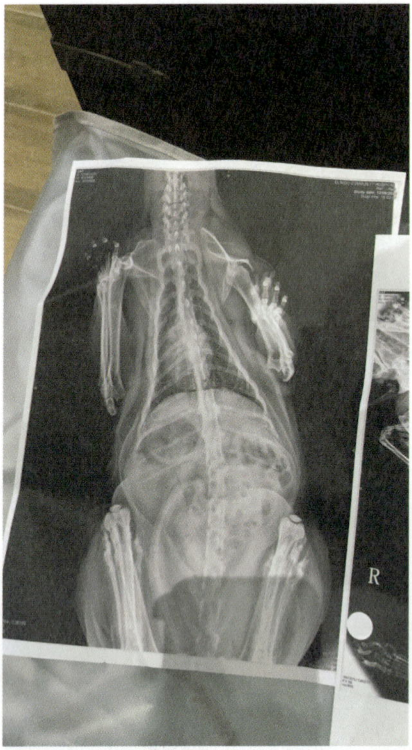

進入人類公家醫院機構照 X 光的貓歐姆。

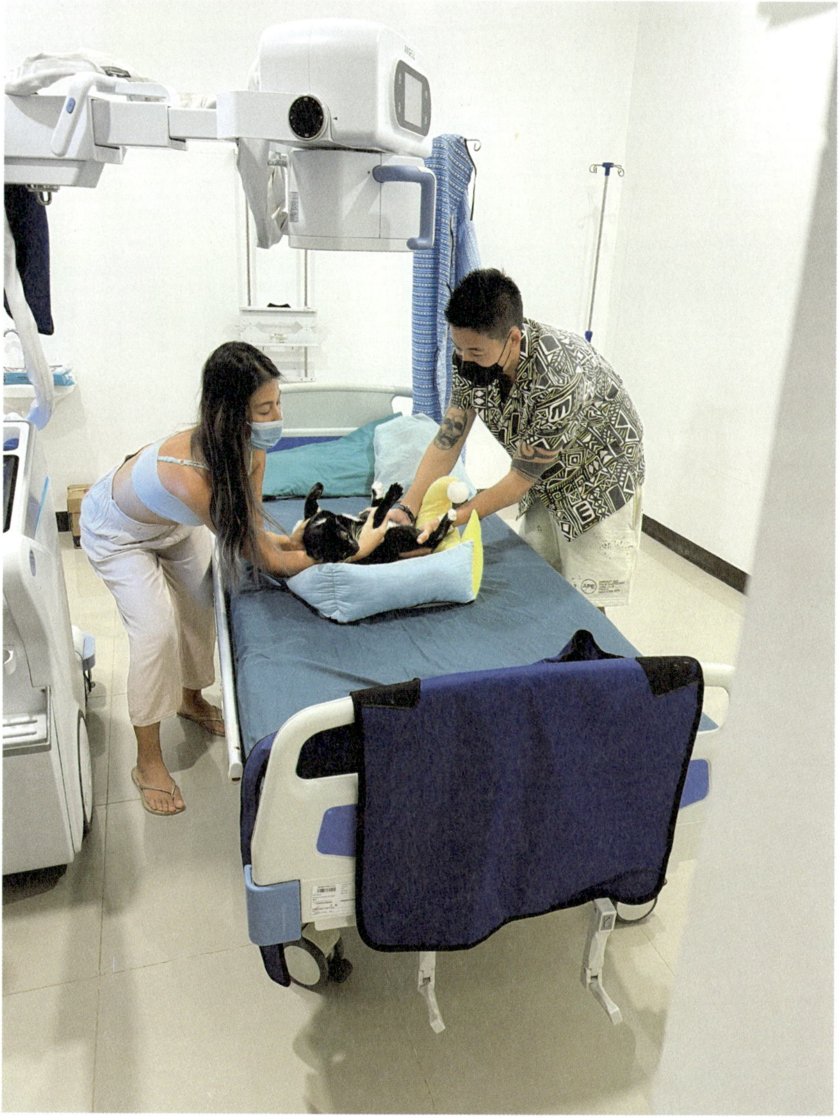

疫情來了，觀光客都走了，走還是留？

二〇一六年定居愛妮島後，我們從零開始。幾乎所有困難都被我們遇到了，像是外國人沒有買地資格、建築資源取得困難、法規複雜難懂等無法以文字描寫的阻礙族繁不及備載，我們都咬著牙一一克服了。沒想到，世界級大災難卻突然降臨——Covid-19疫情爆發。

決定來愛妮島定居的那一刻，總裁梭哈了所有資產投資愛妮島。因為他相信愛妮島的潛力，也想讓所有支持自己的股東朋友們，相信他的相信，所以毫無保留。疫情來襲後，八成的餐廳倒閉，五成的旅館變成爛尾樓。原本觀光客多到滿出來的沙灘，像是被老天按下「恢復原廠設定」鍵，回到二〇一四年我們初訪時的無人沙灘。

這時候，總裁手上還有好幾間旅館和三間餐廳正如火如荼打造中。

㊧ 愛妮島鎮最中心的地標——H Hotel
㊨ 費時四年蓋好的飯店，希望給來的旅客美好的體驗。

居住在愛妮島的外國人一個接一個撤退回國。聽說不只一個股東朋友要撤資在愛妮島的共同事業，我一面享受久違的無人沙灘，一面擔心著枕邊人，猶豫是否要開口問出那一句：「我們要回台灣嗎？」

很多人以為總裁蓋旅館、開餐廳，只是為了賺錢。但相知相惜二十年，我知道他真正的在意的是「在地雙贏」的理念。他希望旅人來愛妮島時，能在資源有限的情況下住得乾淨舒服，也希望能為當地居民創造工作機會。

「我不可能放棄！」

「Daniel Defoe 說過：『平靜的大海，培養不出優秀的水手』。」

「我們初訪愛妮島時，若不是那道大浪，我們也沒有機會拜訪那座私人島。」

「疫情只是上天給的考驗之一。我們能熬過前幾

與日本知名旅館 PIECE 跨國合作的高級旅館建案 EL Nido PIECE LIO。

㊤ PIECE LIO 隆重的動土儀式。
㊦ 動土儀式中特別的金色大鏟子。

年的辛苦，就能熬過這一次，因為危機就是轉機。」

「沒蓋過旅館，我想辦法蓋；遇到疫情，我們就想辦法撐過去！」

總裁不怕失敗的精神總讓我敬佩，但沒有人知道疫情何時會結束，放棄會不會才是對的？

「我的字典裡，沒有『放棄』兩個字。」

「人生中，無法決定拿到什麼牌，但我們可以決定怎麼打好這副牌！」

「如果連我們都撤，那我們的愛妮島員工和他們的家人怎麼辦？」

我不知道總裁的人生字典裡，到底還缺了哪些字（咳）……，但相信不只我，圍繞在他周遭的夥伴也完全明白了他的決心。他平常老是把羅斯福總統的名言掛在嘴邊，我聽到都會背了。但遇到疫情，我才知道原來他真的每一天都努力實踐著這些信念。

人生只有一次，平安無事度過一生，還不如為自己的目標拚搏一次，這才是適合我們的生存方式。

——**美國總統羅斯福**（Franklin Delano Roosevelt）

總裁頂著我無法想像的壓力，拚命想辦法。無懼於染疫風險，無懼於股東撤資，無懼於疫情何時結束等未知數，不辭辛勞往返台灣和愛妮島，安定股東的心。他開了無數場的線上會議，不懈地推動旅館的建造。

我們撐了兩年半，超過九百個日子。

二〇二二年中，在亞洲第一美的Napan Beach上，我們歇業許久的沙灘酒吧，重新點亮了招牌。沙灘酒吧旁，費盡心思搭建起來的蓮花帳篷

疫情時總裁頂著壓力，安定股東的心、推動旅館建造，也照顧員工們。

旅館，又有旅客拉著行李箱到訪。這兩年半間，總裁一直撐著往前走的幾間旅館、三間餐廳陸陸續續正式開幕。

二〇二三年底，H Hospitality Group可以為五百三十一位旅人提供兩百間不同旅行體驗的房間，無論你想住無敵海景房，或體驗獨特的熱帶沙灘帳篷，都可以買張機票立刻飛過來。當然，H Hospitality Group沒有忘記「在地雙贏」這個理念，為親如家人的三百多位愛妮島員工與他們的家人提供穩定收入，謝謝他們陪我們一起撐過艱難的疫情時刻。

You are not just employees', we are a family, and you are the heart and soul of H Hospitality Group. Thank you for being the pillars of this extraordinary journey.

——總裁致詞，於2023年末聖誕晚會

我們希望增加在地就業機會跟更好的福利，員工也從一開始10個到現在300多位，落實P4P（People for People）的概念。

Chapter 4

跟我一起，成為小海龜的乾爹乾媽！

We are not above nature, we are a part of nature.

與小海龜初相遇，留下滿滿困惑

2022 年前 Nacpan 海龜保育區的孵化箱。

當背包客四處旅行時，曾在馬來西亞的西巴丹島（Pulau Sipadan）與海龜共游，深深被海龜的美麗與友善震撼。一同被海水包圍的我們，有股難以言喻的平靜湧上。但我真正第一次近距離親睹小海龜，是在初訪愛妮島划獨木舟擱淺那次。

「為什麼小海龜在池塘裡，不是大海？」
「因為海龜媽媽會來我們島的沙灘產卵呀。」
「他們孵化後，不是應該回到海裡嗎？」
「剛孵化時，殼還沒硬，天敵超多的他們，如果沒有人為保護，一下就沒命了。」
「蛤，是喔？」
「所以等他們再長大一點，就會放回大海了。」
第一次知道原來小海龜這麼脆弱。但他們的天敵，到底是誰呢？

什麼！愛妮島居民會吃海龜蛋？

人類，絕對是第一大天敵。

除了製造污染，人類丟棄於海洋的塑膠垃圾，讓許多海龜誤食致死。漁民拋棄入海的廢棄漁網，纏住海龜動彈不得，最終導致窒息痛苦而亡。此外，人類還會盜採海龜蛋，但說起盜採的原因卻讓人有點心酸。

二〇一六年，菲律賓的人均GDP是三千零三十八美元；台灣則是兩萬三千零九十一美元，足足是菲律賓的七・六倍。愛妮島比起全菲律賓來得更鄉下，與台灣的差距又更大，經濟條件也相對貧乏。

貧窮以外，愛妮島還有一民間傳說——「海龜蛋」是滋養身體的大補聖品。因此，挖海龜蛋非常有市場。一窩海龜蛋平均五十至一百顆左右，當地販售的行情約一顆五披索，不僅可滋補身體，還能出售補貼家用。每年一到海龜產卵的季節，愛妮島居民總是趨之若鶩，對海龜而言簡直是定期的浩劫。

「有人在挖海龜蛋要吃！」

綿延四公里長的Nacpan Beach正是海龜產卵的熱點區，當時初來乍到的我聽到這消息超吃驚，第一個反應就是轉頭對總裁大叫。

「我們花錢去把蛋全部買回來！」

海龜蛋非常脆弱，移蛋是件相當需要專業、謹慎且不輕鬆的事情。乒乓球大小又薄軟的海龜蛋，一晃到就孵化不了了。

只有好心還不夠，還要有好知識

二〇一六年十二月十三日，我們花錢買下四十七顆海龜蛋後，立刻將蛋移置到安全的地方，避免小海龜被第二天敵威脅生命安全。

小海龜的第二天敵，是會挖蛋吃的動物（流浪貓狗、白蟻、蜥蜴、蛇……）以及小海龜爬向大海時在旁虎視眈眈的動物（除了上述幾種，再加上海鳥、螃蟹……）。因此，我們的第一個「海龜保育區」應運而生。

總裁常說：「沒有真正準備好的那一刻，只有真心想做好的那一刻。」創建「海龜保育園區」的機會雖然來得匆促，我總覺得該有更完善的規劃，但顧不得那麼多，我可以做的就是努力去做！

一般來說，海龜媽媽產卵後，小海龜會在約兩個月左右孵化。我一看日曆，小海龜破殼而出的日子正巧碰上我的生日。能在自己降生的日子，幫助另一群小生命順利誕生，可說別具意義，令我滿心期待。每天衷心祈禱生日那天，我們營救的第一窩小海龜能夠四十七隻全數順利孵化，安全回到大海，開始生命旅程。

離預測誕生日越接近，我越緊張。結果，我們等了又等，整窩海龜蛋一點動靜都沒有，不要說四十七隻了，連一隻都沒等到。好希望再等一下就會等到奇蹟，但其實我心裡有底，應該是整窩胎死卵中了。

失望又悲傷的我們，寫信請教在西巴丹島潛水時曾有一面之緣的海龜保育專家David McCann。經過密集的信件往來，讓我們逐漸明白海龜蛋有多脆弱，移置海龜蛋需要專業手法。回想起來，當時空有愛心的我們，從當地人手中購入海龜蛋放進水桶移置前受到的強烈晃動，應該就是導致海龜蛋全死透的關鍵。

移置後，沙坑挖多深、海龜蛋怎麼放、保育區的燈光亮度，每一個小細節都環環相扣，影響著海龜蛋是否能順利孵化。

想做好事，原來不能只有好心。

海龜媽媽通常會在繁殖季節上岸多次，每次上岸產卵數約一窩50到150顆左右，一季可以產下4到6窩。

花錢買蛋被關注，和專家不打不相識

我們一邊努力學習正確的保育手法，一邊繼續用我們一開始的方法——花錢買海龜蛋。

二〇一六十二月，我們第一次買蛋。二〇一七年十一月海龜季再度來臨，我們開出三倍價格，別人用五百披索買一窩蛋，我們則用一千五百披索購入。要賣給別人，他們得自己動手挖蛋，賣給我們，只要帶我們去就好。換句話說，賣「消息」給我們，就能淨賺一千五百披索。

原以為這是個萬無一失的雙贏策略，花一點錢就能保育海龜蛋，也讓愛妮島居民得到收入來源。結果我們竟然在家枯等，完全沒有半個人上門，唯一等到的是Lio Beach海龜保育區的生態保育專家Jamie Dichaves。

「你們買海龜蛋要幹嘛！」才剛打過照面，Jamie就單刀直入、語帶不悅地地問我們。在Lio Beach海龜保育區擔任顧問好幾年的Jamie，聽到大家聊天時提到：「有兩個華人到處在收購海龜蛋，不知道要幹嘛」，聽得她心裡又急又氣：「我在努力保育，你們在非法買蛋？！」

我們趕緊拿出二〇一六年第一次買蛋卻孵育失敗的照片與紀錄，向Jamie說明我們想為海龜保育盡一份心力的原委，她的表情才變得柔和，並熱情地提議，不如由她親自來教我們如何建立一個真正的「海龜保育園區」吧！

還真是不打不相識，又讓人感動莫名的緣分。徹底讓我感受到吸引力法則——當你真心想要保護小海龜，全世界都會來幫助你。

開完檢討會，才發現原來愛妮島居民也同樣因為不認識我們，對我們充滿好奇跟防備，所以放著

Nacpan Beach 海龜孵育中心的前身，當時為了擁有更大的保育腹地安置海龜蛋而遷移至此。

錢不要，也不想惹事上身。總裁提議，不如開出更高價格吧！小海龜值得我們這麼做，我們也需要花錢買一個「跟愛妮島居民溝通的機會」。

於是，一窩海龜蛋三千披索的奇蹟價碼，總算大獲成功。二〇一七年海龜季第二個月開始，天天有人主動敲門帶我們去找海龜蛋，最後有三千八百二十二隻小海龜成功孵育回歸大海，數量是前一年的十五倍！

用財富促進善的循環，
Nacpan Beach不再有人吃海龜蛋

大家常常說自己愛錢，喊著想中樂透，但又覺得錢很銅臭味、很俗氣。其實，錢是中性的物質，如何運用，遠比擁有多少更重要。保育區只要願意花錢，硬體就能在短時間建立起來，但想改變居民的想法與文化，往往需要漫長的時間。我們沒有這麼多時間，因為海龜的自然存活率低到讓人咋舌。

人類寶寶平均存活率約為998/1000人；海龜寶寶的自然存活率則是1/1000隻。

在自然狀態下，約1000顆海龜蛋中，只有1隻能存活至成年。孵化後，小海龜必須克服天敵與環境挑戰，在大海中歷經7至35年的成長（依品種而異，以上數據為園區海龜品種，包括欖蠵龜、玳瑁龜、綠蠵龜），再憑藉天生的「地磁感應能力」，簡單來說就是天生的GPS導航系統，然後再回到出生的沙灘產卵，延續生命的循環。

所以我們建立了一套獨特的「收購海龜蛋SOP」：

1. 愛妮島居民發現海龜蛋，上門通報。
2. 我們立刻出動專業保育員，前往挖蛋移置。
3. 挖蛋移置時，另一名專業保育員向通報人說明海龜保育的重要性。
4. 當蛋成功移置保育箱時，同時也完成當地海龜保育的宣導，這時才支付通報費用。

我們不只買蛋，也買通報人的時間，為的就是藉機「植入」正確的保育觀念，加速文化改變。不到兩年，Nacpan Beach居民已不再吃海龜蛋，也理解海龜保育區在做什麼了。

海龜寶寶大約60天左右會破蛋而出，回到大海。

㊧ 千萬分之一的白海龜寶寶，能與牠們相遇讓我感到無比幸運。

㊨ 雖然貓咪是海龜天敵之一，但我們飼養的貓咪已被薰陶成守護海龜的大使，不會危害海龜寶寶。

小海龜爬向大海的一小步，是我感動的一大步

確保了每年都有人通報海龜蛋所在，也確定保育區工作人員都接受了專業手法的訓練後，最重要的就是海龜季時二十四小時的監控了。

小海龜破殼前夕，沙堆會凹陷變成小火山口；破殼後，因為小海龜體力有限，所以要儘速讓他們走上「小海龜十公尺返家路」回到大海。

「為什麼要有十公尺這段路？」

「這樣不會增加天敵的威脅嗎？」

「不能直接放到海裡嗎？」

海龜保育，最重要的核心理念是在適度的人為干涉下提高海龜蛋孵育率，每個保育園區作法都不同。我們希望儘可能接近最自然的狀態，讓小海龜靠自己完成「孵化→破殼→回大海」的生命歷程。這十公尺，是他現在返回大海之家的路，也是未來他從大海回到出生故鄉的路。他們得

野放海龜寶寶讓他們爬行十米路非常重要，他們才會「印記」（記憶）牠們出生的海灘位置，未來長大才會回家。

海龜寶寶的存活率只有1/1000的機會，所以我們努力排除陸地上的天敵，但回海洋還是得靠他們自己。

1/1000的生存率，在排除陸地天敵後，存活率是不是可以提高成1/500呢？我為此努力著。

親自爬過這片沙灘，強化肌肉與四肢協調能力，啟動「地磁印記」，也就是內建導航系統，未來才能憑著本能回到Nacpan Beach繁衍下一代。

二〇一六年努力到現在，從只有我和總裁兩個人，到現在我們擁有了一支相當專業的保育團隊。即使忙碌，我還是會儘可能抽空到沙灘上，陪伴每一年的小海龜走這段路。每一年，趴在地上，看著被我們守護的寶寶，一步步慢慢爬向大海，蹣跚卻堅定的模樣，總是讓我無法忍住不流淚。我們成為愛妮島最大私人海龜保育中心這條路雖然波折且艱難，但他們的每一小步，更是不容易。

雖然放了很多次也非常多隻小海龜，但每次都覺得很不捨。

沙灘酒吧盈餘歸零，有人願意認養小海龜嗎？

小海龜保育園區草創期，一切從簡，當初只求能先開始就好，但隨著規模漸漸完整，需要的資源越來越多，因為我們希望給小海龜更好的環境。可是錢從哪來？一開始都自掏腰包的我們，積蓄也有燒完的一天。

我們從第一個保育區，遷移到第二個保育區，就是希望有更大的保育區腹地能夠安置海龜蛋，結果一遷過去就遇到政府善意架設的路燈。光亮給人類安全感，卻會影響趨光性的小海龜，因此，我發揮孟母三遷的精神，再度帶著小海龜和員工們搬家。但這一切種種，都需要經費支持。

和總裁討論後，我們決定用Nacpan Beach沙灘酒吧的盈餘支持這一切，疫情來臨前，雖然辛苦，但總算緩緩步上軌道。只是二〇二〇年初疫情降臨，盈餘歸零。觀光客走了，但海龜還是會準時來，怎麼辦？

「我們試試看募款，好不好？」總裁說。

我猶豫了，我很怕大家認為保育海龜是假的，募款撈錢才是真的。如果被這樣誤解，我肯定氣到吐血，傷心欲絕到暴瘦。但除了這個想法，當時似乎沒有其他更好的選擇了。抖著手發文，好怕被誤會，直到按下「發佈」的最後一刻，我都還在猶豫是不是真的要募款。

幸好迴響出乎我的意料，過程也超乎想像的溫馨。真的謝謝一直關注我的粉絲們，你們的善良

與溫暖，讓我在螢幕前大哭出來。總裁摟著我笑說：「問題解決了呀，怎麼還哭成這樣？」但眼淚就是不受控制一直掉。不但沒有質疑我的聲音，也沒有任何一句酸言酸語，大家還紛紛主動分享認養訊息。在這一刻，深深感受到在保育這條路上，我並不孤單，因為有你們打從內心的支持，希望你們能感受到我萬分之一的感謝。截至二〇二四年度，感謝所有搶著認養小海龜的乾爹乾媽，藉著這本書再度致上我的深深感謝！

乾爹乾媽的錢錢沒有不見，都變成愛的樣子了

孵育區進化遷移了三次，這是目前最完美且順利提高孵育率的木製孵育箱。

因為大家的善良和熱情，我們每年都很順利募集到需要的經費，更沒想到二〇二三年的認養活動竟然僅僅四天就達標。許多粉絲私訊敲碗，我們只能感動又遺憾地請大家隔年十一月再共襄盛舉，因為我們只拿需要的，募款並不是賺錢的手段。

乾爹乾媽們的錢錢，都在巴拉望最大的海龜保育園區「海龜愛妮」裡，變成愛的樣子了。

愛的樣子1——木造海龜孵育箱

集結專家討論後，我們開始打造木造海龜孵育箱，除了更接近自然狀態，也利用架高設計排除部份天敵，提高安全性，便於觀察每一窩蛋的動靜。

愛的樣子2——

聘請專家提供保育員教育訓練

二〇一六年，只有我和總裁兩人獨力進行保育，這樣的人手遠遠不足，因此我們聘請專家講課與實作演練，逐漸培養出一支專業的保育團隊，現在終於有更多夥伴和我們並肩守護海龜。

用藝術美化海龜保育區。

愛的樣子3——

收購海龜蛋，孵育更多海龜新生命

收購海龜蛋，依然是重要支出。我們在Nacpan海龜保育區花兩年時間改變整個海灘會吃海龜蛋的當地文化。

八年來我們成為了巴拉望最大的海龜孵育區，更是全菲律賓孵育率最高的保育區。

Jamie Dichaves是菲律賓愛妮島最資深的自然生態保育專家之一，為我們的員工培訓跟上課。

幫海龜寶寶秤重評估健康狀況、監測孵化環境、預測存活率，並為保育研究提供關鍵數據，確保牠們更好地適應海洋生活。

㊧ 團隊採購了國際海龜孵育專用的溫度計，來控管溫度達到最適合的孵化環境。

㊨「安全地遷移蛋」是我們最主要的作業項目，當地人會告知我們哪裡有蛋，然後由我們專業移至孵育區後給予報酬，達成雙贏局面。

㊤在海灘上的海龜蛋。
㊦努力破殼而出的小海龜。

愛的樣子4——

建造、修繕海龜保育園區

住在海邊乍聽浪漫，但海風鹽分讓全園區的設備每年都需要檢修，木造海龜孵育箱也需要每兩年重做一批，以避免白蟻危機。

㊤為了建立最自然的環境，所以日曬雨淋的木製箱大約每年都需要翻新重建。

㊦孵育箱也經過不斷的討論跟數據分析，進化成更好的樣子。

每當海龜寶寶破殼回海洋後，我們都會「清窩」清理剩下的蛋殼，以及計算是否有尚未孵化或未孵化完全的蛋，來紀錄珍貴的數據。

愛的樣子5——聘請人力在海龜孵育時期24小時待命巡邏

同一窩海龜蛋的孵化期雖只有兩個月，但長達半年的海龜季會接待多達上百窩的海龜寶寶們，每一窩都有時間差，因此這半年都必須二十四小時待命巡邏，只要有快破蛋的小海龜，我們就會用最快速度安排體力有限的他們趕快回歸大海。

我在孵育箱寫著海龜寶寶入住的資料立牌。

愛的樣子6——

救助因船隻撞擊或人為因素受傷的成年海龜

定居愛妮島，最讓我痛徹心扉的是看到海龜被船槳打傷或漁網纏身，擱淺慘死沙灘上；甚至耳聞有非法獵捕船在巴拉望一口氣奪走三百多隻美麗海龜的生命。在海裡悠游時，也會偶遇海龜屍體，解剖後發現他們腹中充滿塑膠，讓我們悲傷不已。

相較於愛妮島，台灣的海龜醫療做得非常好。為了早日完成我的夢想——持續孵育海龜外，也希望保育中心能擁有救助傷殘海龜的能力，因此在二〇二三年我成功聯絡上位於澎湖的海龜醫療中心，二〇二四年已前往取經，希望未來保育中心能再度升級！

將受傷的海龜帶回岸上救助。

海龜♡愛妮——

了解更多我們救助海龜的故事

讓生態教育往下扎根

儘管設計了「海龜蛋收購SOP」，影響了Nacpan Beach當地漁人與居民，但我們希望做得更多，讓這份影響更長久，所以我們帶著海龜保育的知識走進校園。

我們第一步先捐助營養午餐給學生們，讓辛苦的爸媽不再需要為孩子的學餐而煩惱。第二步向校方爭取「生態教育時間」，用豐富的圖卡和照片，帶著學生們討論保育的重要性，也讓他們更深入瞭解海龜保育的知識。希望愛妮島孩子們長大後，保育就是他們的日常，進而成為海龜保育的一員。

學生們滿足地吃著營養午餐。

每到佳節，我們會買禮物送給小朋友們。

來一趟「不只是旅行」的生態旅行吧！

疫情結束後，我們更貪心了，希望嘗試藉著「深深愛上愛妮島」的旅遊行程，讓海龜保育議題繼續擴散發酵。由我親自帶領的「深深海龜團」，除了一起開心深遊愛妮島外，也加入了海龜保育知識的分享課程。不但能走訪海龜保育園區，成為海龜寶寶義工，還能親身參與並協助小海龜回歸大海的「十公尺返家路」。讓你的旅行不只是旅行，而是更有意義的生命體驗。

未來，我也希望能夠為「海龜愛妮——海龜保育園區」設計「義工之旅」，就像清邁ENP園區，讓每位前來的旅客不僅是觀光客，也是義工，更是海龜保育的實際支持者。

理想永遠在進化，團隊每天都被我的熱情火燒屁股，忙著不斷推動新計劃。今年我的願望是在海龜保育區建造一座涼亭，讓參與生態教育的大家有地方乘涼。也想推動海龜生態串連行程，讓來到Nacpan Beach的旅人都有機會上海龜保育課，親身投入海洋保護的行動，一起淨灘，一起共同守護這片美麗的大海。

從保育園區到海龜保育知識課，從一趟旅行變成海龜生態之旅。我們希望種下善意的苗，讓世界生機盎然。因為有你們的支持，所以我敢做大夢，我會堅定地一步一步往前走！

魔鬼海星是自然界中的一環，但是當他們繁殖過剩的時候，就是需要人為清除，來拯救海洋世界。

㊧ 出海前我會在沙灘上向大家傳達海洋保育的重要性。

㊨ 魔鬼海星的天敵是大海螺，但被人類捕光，造成魔鬼海星肆虐，只能靠愛海人的力量來幫忙。

㊤讓旅遊不只是拍照打卡，而是能獲得更多意義、價值與難忘回憶的旅程。

㊦帶著團員到現場放生小海龜，以及傳授海龜保育相關知識。

Chapter 5

在愛妮島，活出一百個新的自我

To adventure is to find yourself whole.

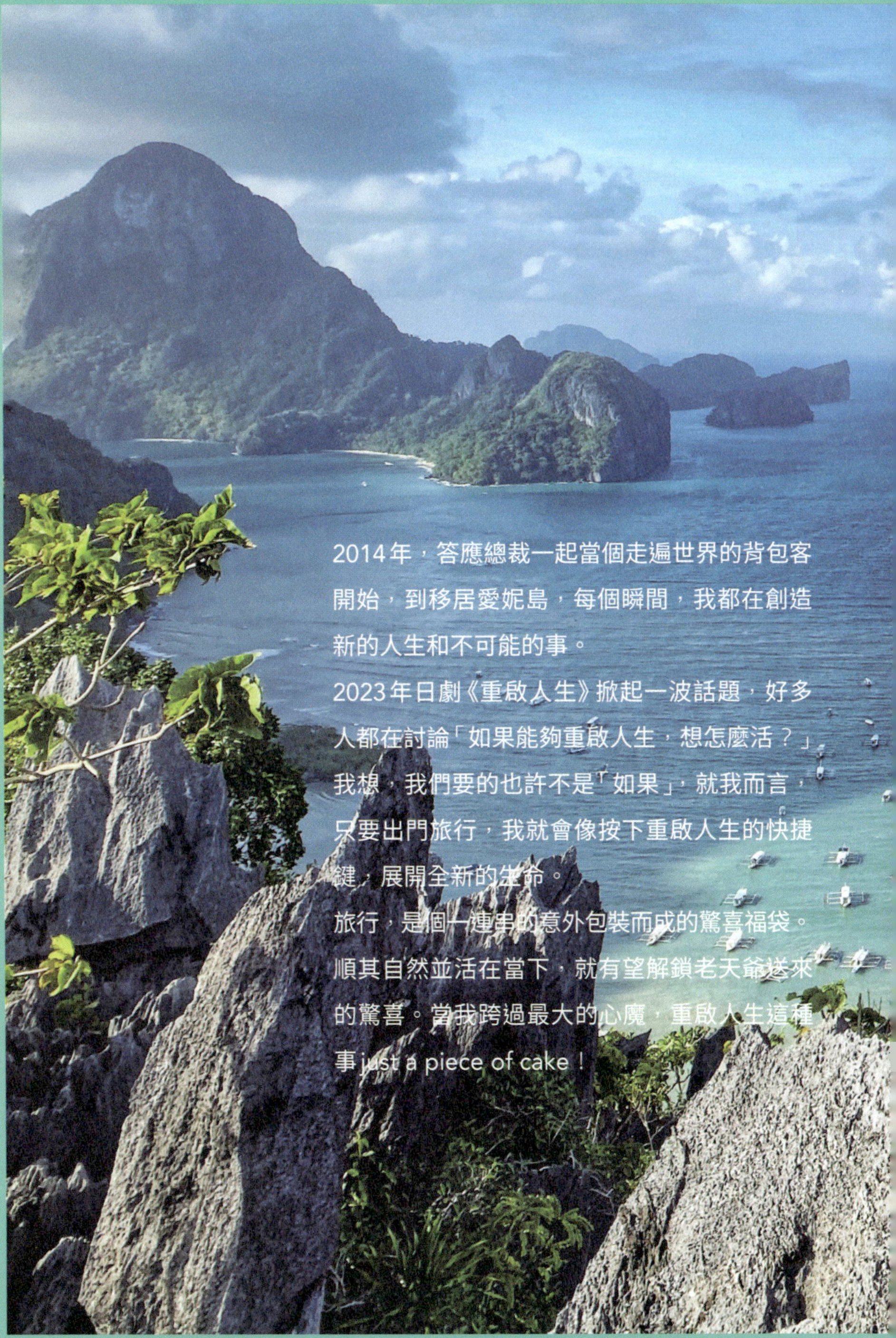

2014年，答應總裁一起當個走遍世界的背包客開始，到移居愛妮島，每個瞬間，我都在創造新的人生和不可能的事。

2023年日劇《重啟人生》掀起一波話題，好多人都在討論「如果能夠重啟人生，想怎麼活？」我想，我們要的也許不是「如果」，就我而言，只要出門旅行，我就會像按下重啟人生的快捷鍵，展開全新的生命。

旅行，是個一連串的意外包裝而成的驚喜福袋。順其自然並活在當下，就有望解鎖老天爺送來的驚喜。當我跨過最大的心魔，重啟人生這種事just a piece of cake！

最喜歡在夕陽時間放歌，可以邊看著夕陽跟享受音樂。

我相信「只要你真心想要，宇宙就會幫助你」。

我在愛妮島的 Before / After

我們建構出自己的生活環境，而我們建構出的生活環境同時也形塑著我們。

2014年前，我跟多數台灣人一樣學了好久的英文，但不太敢開口說英文；
2014年後，管他說得標不標準，能溝通最重要，現在我還進化到能用英文分享海龜保育。

2014年前，我只會去手搖店買珍奶喝；
2014年後，我因太想念珍奶，而在愛妮島開設珍奶攤甚至成為烏弄的代理商。

2014年前，我不喜歡流汗，最喜歡的運動可能是逛街；
2014年後，我游泳、自由潛水、重訓、打拳、瑜珈，養成自律健身的習慣。

不會有100%完美的旅行，也不會有100%合拍的伴侶，幸福的旅程與生活都是靠兩個人一起努力的。

2014年前，我完全不會游泳，每次都說我穿泳裝拍拍美照就好了；
2014年後，我可以海泳四公里，一口氣下潛30米，從兩層樓高的地方跳水，生命已離不開海。

2014年前，能美白就美白，有太陽就撐傘；
2014年後，我不願因美白的需求傷害海洋，不擦防曬油，膚色黑到發亮。

我們每天都在用選擇和行動向世界證明，對自己而言真正重要的是什麼。

因為熱愛海洋，我選擇最天然的防曬與助曬——純椰子油，對肌膚好也同時守護海洋。

愛妮島的鬼蝠魟與湛藍大海。

2014年前，我只能去動物之家幫忙；

2014年後，我成了最大私人海龜保育中心的負責人，還發起了貓狗結紮活動。

我發現，只要不畫地自限，我可以成為任何想成為的樣子——

例如35歲成為DJ！

2024.4.19解鎖巴拉望最重大的音樂節，第一次站上音樂季的大舞台。（照片提供：Mid Summer Music Festival）

誰說35歲不能當DJ

以前在台灣的工作跟音樂無關，但我熱愛聽音樂，是個不折不扣的音樂重度使用者。有事聽音樂，沒事也聽音樂，卻從沒想過要當DJ，或者說得精準一點——我沒想過自己可以成為DJ。

DJ超帥，但似乎是年輕人做的事。因為心裡有成見，一直沒看見可能性。直到我私心把DJ這個角色偷渡進我們的沙灘酒吧後，故事竟有了新的走向。

那年跨年，沙灘酒吧請來平常合作的DJ放歌。愛妮島的DJ工作模式跟台灣不同，台灣DJ往往身處舞台上，跟聽眾有距離，愛妮島DJ則是直接身處舞池中。沒有舞台，自然沒有距離，時常有人喝嗨玩瘋就直接衝過去貼著DJ熱舞聊天。

我趁著酒酣耳熱，大膽地跟DJ朋友提出邀請。「你要不要教我放歌？其實我超想當DJ！」

「好啊，我教妳！」

哇，以為離我很遙遠的事，竟然一句話就此成真。

但喜歡聽音樂，跟當DJ在眾人前放音樂，完全是兩回事。

以前聽歌只是興趣，喜歡就加到清單每天聽，不喜歡也算聽過一次。但想當DJ，就不能「只聽不懂」。一首曲子是由「節奏、旋律、曲風」三大要素構成。想要把歌接得漂亮，掌握曲速跟拍子是很重要的事。兩首歌曲速一樣，節奏才會順，所以「聽力」以及「對節奏的判斷」是DJ非常重要的功課和技術。

DJ表演時，耳機只戴一邊不是為了耍帥，他們以一耳監聽現場「正在」播放的音樂，另一耳監聽「即將」播放的音樂，仔細核對兩首曲子的節拍，找到最佳時間點接過去。

假如有人告訴你，你辦不到，千萬別聽他們的，想要做什麼就放手去做，畢竟不去試怎麼知道？

DJ老師幫我上了幾堂課，稱讚我是有天份的練武奇才。但老實說，我挫折感爆棚，光是抓到節拍接歌就已經不是普通困難，老師還全英語上課！Mixer、Pitch、PGM Level、Crossfader、EQ、Sampler、Turntable Slipmat、Scratch、Loop、BPM、Cue Point、Treble、Middle、Bass……，一時資訊量破表，腦袋即將炸開！

原以為過了語言這關，關在家裡練個幾年，才有可能上台演出，沒想到剛學兩個月就被逼著上台。

「明天沙灘酒吧的場子，妳來放歌。」哇……老師你的語氣也太輕鬆了吧！

「蛤！」老師假裝沒聽見我的驚恐。

「實戰經驗很重要嘛。」老師冷不防又丟來這句話。

「機會來了，就看你要不要上！」總裁也跟著敲邊鼓，我基本已無拒絕的空間。

表演當天，我緊張到什麼都吃不下，內心默默祈禱天氣放晴，大家都去外面散步不進酒吧，想說人少一點，我會Chill一點。亂許願望業力反彈，傾盆大雨讓所有沙灘上的人蜂湧而至，來躲雨也來聽歌。內心雖然微崩潰，但也不愧我上場前練到廢寢忘食。過程雖然緊張，表演成果還是很成功。

第一次演出讓我體悟到一件事——不管再怎麼緊張，當你站上舞台，融入音樂中，跟音樂同步，跟聽眾玩在一起，一切都會很美好。

非常榮幸能為自己經營的H Hotel開幕放歌，特別有意義。

當然，重啟人生也不是真的那麼輕鬆。上台演出前，DJ功課做得紮實並不容易。

「這次是什麼樣的場合？」

「大家為什麼來？」

「主要聽眾會是什麼語系的人？」

「他們平常聽什麼歌？」

「我希望創造什麼樣的氛圍？」

先在大腦初步分析後，開始找歌、擬歌單、練習。這些準備要花的心思與功夫，超乎想像，至少超乎我當DJ前的想像。以前我以為「聽到耳朵長繭」是一種誇飾法，當了DJ我才發現這句話是百分之百寫實的白描！所有的風光與亮麗，都是不懈的努力所換取的。唯有非常努力，才能看起來毫不費力。

每一個打擊跟困難，都是使自己更強大的力量。

即使準備得再周全，每次上台前都會緊張得想吐，但一站上舞台後，又會變成自己喜歡的樣子。（照片提供：Mid Summer Music Festival）

舒壓的方式，除了吸貓外，就是音樂了。

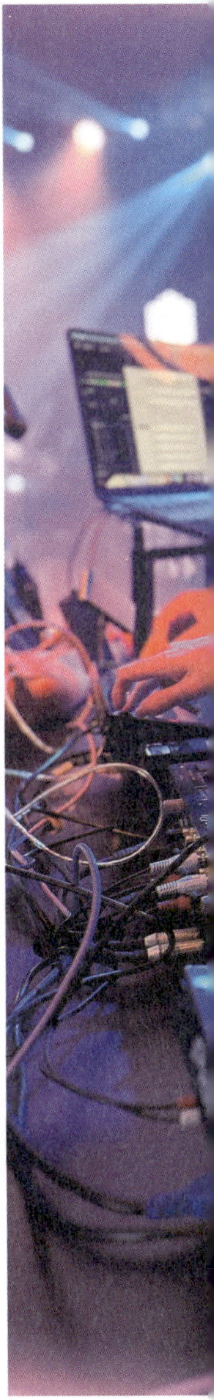

當DJ，讓我擁有許多第一次

第一次演出前，我在家沒日沒夜地練習，結果發現我們家的貓孩很喜歡聽我放歌。他們聽到我練歌會主動靠近，躺下來很Chill地欣賞。時而翻滾，時而用充滿愛意的眼神給我滿滿正能量。而且貓也有自己偏好的音樂類型，像毛毛就超愛聽節奏較重的越南鼓曲，我還因此為毛毛擬了「毛毛動次動次歌單」。

當DJ也讓原本就喜歡聽歌的我，長出更寬闊的包容性，不分語言，不分曲風。有次在愛妮島H Hotel空中酒吧（Piece of Sky）放歌時，客人清一色都是台灣中年大哥們。他們聽了一陣子後，遞來一張紙條，上面寫著：「可以放我們聽得懂的歌嗎？」

是要被客訴了嗎？不可以！不能丟DJ的臉，而且還是在台灣人面前！於是，我DJ生涯第一次放中文電音就是那晚。放完一首英文歌，找到拍點，立刻接過去。聽到〈浪子回頭〉音樂一下，大哥們跟著一起唱跳，簡直就像回到台灣KTV，超級可愛，身在愛妮島的我，更是感到萬分親切。

放完這首，大哥們意猶未盡，我只好繼續催落去！中文慢搖〈黑桃A〉、越南神曲〈See Tinh〉、韓國天團Blackpink成員JISOO的〈Flower〉，每首我平常不會放的嗨歌，全都在那晚莫名的解鎖了，大哥們都一臉寫著「吼~我聽過！」這種表情讓人超滿足。

DJ風格非常多樣化，我走的是多元路線，可剛可柔，可甜可鹹，可輕可重，可急可緩。保有彈性，就能在不同的場合中適時展現。熱情洋溢的夜晚就用EDM或Tecno、Tech House嗨翻全場。也能用Afro House、Chill Trance或Progressive house配上Saxophone fm詮釋悠閒迷幻的夕陽時刻。

我最愛在魔幻時刻放歌。當夕陽緩緩西下，晚霞在天空渲染美麗色彩，海面映照驚人美景，這時搭配我最愛的音樂，眼前還有自在跟著節奏搖擺陶醉的人群，正是「活在當下」的極致體驗。人、聲、自然，於此刻和諧共鳴。

成為DJ後，有幸獲邀到不同國家表演，在台灣、泰國、喬治亞、馬尼拉、加拿大和日本等地用音樂與人心交流。無論在哪個國度，都能遇到許多才華洋溢的台灣人，我總會好奇地問他們：「為何選擇在國外長居？」是跟我一樣找到靈魂安放之處了嗎？從他們的回答中我感受到一絲哀愁——許多人深愛著台灣，卻又覺得台灣似乎無法提供足夠的機會，讓他們的才華發光發熱。一樣在國外尋找更寬闊天地的我，非常能理解這樣的感受。心有戚戚焉的同時，也期望未來台灣能成為「世界的台灣」，接納更多元的人們，開放更多元的視野與機會，如此一來就能讓所有天賦異稟的人們擁有更好的機會展翅高飛。

回想二〇一四年，要是當時放棄「辭職當全職背包客」這個選項，現在的我一定後悔死了，我將永遠不會知道自己有多少潛力、能開創多少可能性，更不可能在這本書裡跟大家分享我的所見所聞，所思所感。

你要出發尋找「自己的天堂」了嗎？

旅行，是活出新人生的一種方式。在這過程中，我們不是丟棄過去的自己，而是帶著所有的經歷與記憶，向著內心深處真正嚮往的生活靠近。旅途中的我們，可能會感受到前所未有的自由，體會到平凡生活的美好，甚至在某些寧靜時刻覺得無聊，但這一切都是如此真實。

在愛妮島的日子，我找到全新的自己。海風輕拂臉頰，陽光照亮前路，我看到未來的各種可能性。在那裡，我找到了什麼是我想要的，如何真心地欣賞每一刻的美好，為自己所喜愛的熱情與堅定的信念去活著，活成自己喜歡的樣子。

我相信，無論正讀著這本書的你們身在世界何處，或許是在一個靜謐的小村落，或許是在一個繁華的都市中，重要的是找到可以「安放心靈」的地方。當你找到，你會知道，無論身處何地，都是天堂，就像我初次相遇愛妮島大潟湖那樣。

旅行是尋找自我，是挑戰自我，更是超越自我。它讓我們在失落與發現中不斷成長，讓我們的生命因為探索未知而閃耀。我想告訴各位，不要害怕踏出舒適區，不要害怕去追尋那些令你心動的遠方。我們或許能在YouTube上看見世界，但只有在旅途中，才能真正遇見自己。。

未來，我也會在愛妮島繼續創造N+1個可能。如果你好奇我的故事，如果你想來看看我心目中的天堂，歡迎造訪臉書「深深愛上愛妮島」粉絲專頁或是我個人IG平台。

如果可以，就直接來愛妮島找我吧！我們愛妮島見。

擁有快樂的心，就有快樂的生活。

在忙碌地構築未來的同時，別忘了當下的美好，因為唯有珍惜現在，才能真正擁抱未來。

婚姻不是目標，
而是能夠維持每天日常的幸福甜蜜，才是永久

善良不是為了獲得回報，而是當你看到另一個生命的需要，你願意選擇伸出雙手。

愛與快樂本身就是我們的天性，是自給自足的。

與其在專屬寶位睡，更喜歡跟媽媽每天抱抱睡的你，

在天堂過得好嗎？爸爸媽媽都非常想念你……

儲存愛的記憶—— Maomao 限時動態紀錄

媽媽時常帶漂亮的花兒去探望你，希望把想念

傳達給在天上當小天使的你。

毛毛OS：「床床好小，
但再小我也要躺！」

毛毛與黑貓妹妹歐姆，
每天相親相愛。

每天都要出門溜達溜達的頑皮毛毛，跟我一樣熱愛大自然。

在 Golden Hour 欣賞橙色落日的毛毛，把身上都晒得暖呼呼的。

毛毛與他第一也是唯一一隻秋刀魚，
就算破了也愛不釋手。

為了準備鮮食給你，媽媽每天幫
你挑魚肉，你都吃得不亦樂乎，看
你幸福，我也很幸福。

毛毛與我的第一次

這是媽媽第一次養貓，也是你頭一次看到五花八門的美味貓食。

毛毛迎來了第一次的兩歲的生日，在愛妮島的朋友們都跟我們一起陪著你度過。

in Practice」分批進駐愛妮島，提供義診與結紮服務。除了食宿由我們買單，我們還找來愛妮島最棒的船家包團出海，讓Dr. Nielsen團隊在辛苦執行義診之餘，也能放鬆身心，親睹愛妮島的天堂之美。

為善，總會啟動正向能量循環。朋友聽聞此事後，立刻說要提供白米作為結紮禮物。我們連聲道謝，因為白米對愛妮島居民真的是超強誘因！果不其然，義診結紮月門庭若市，還有人三番兩次帶著不同貓狗上門，引來我們一陣狐疑：「這些貓狗該不會只是散步途經他家門口，就被抓來結紮換米了吧？」即使如此，我們也樂見其成！

最後，我們總共為258隻貓狗提供了結紮與醫療照護。

住在愛妮島，就要創造與愛妮島的多贏局面，我不只想幫助海龜，也想盡我所能幫助所有生命。真心感謝貓貓狗狗們，感謝愛妮島居民們，感謝提供白米的聰明朋友，感謝又厲害又善良的Dr. Nielsen團隊，感謝陪伴我們的300多位夥伴們。

閱讀至此的朋友們，也讓我們一起努力追求「以領養代替購買」的世界吧，每個生命都值得我們給予最多的愛。

舉辦了為期一個月的免費結紮送米的活動。

突然變得不好抓。汪星人最講義氣，看到傻呼呼的愛吃鬼同伴落網後，馬上跑遍大街小巷通知同類，搞得我們空有肉肉卻勾引不來所有浪狗，只好卯起來跟牠們互追，人狗在沙灘上東奔西跑，看得我又好氣又好笑。

那天我們總共為22隻狗和2隻貓結紮。滿頭大汗的我應該要欣慰大笑，因為生日願望實現了。但看著被麻醉而四腳朝天仰躺等待結紮的牠們，我的內心卻五味雜陳。剝奪牠們的生育能力是對的嗎？但不為牠們結紮，讓牠們因本能而不斷生育與受苦，又是對的嗎？

當我們開了第一槍後，陸續耳聞愛妮島各區也有人發起了結紮活動，不安的心漸漸安穩下來，相信自己的決定沒有錯。

五年過去，總裁和我撐過了慘淡的疫情時期，現在有300多位員工一起為理想努力中。可惜的是，愛妮島依然沒有動物醫院。這次不等我許願，總裁和我默契十足，確認了眼神後，就決定再舉辦一場比上次更盛大的結紮義診活動。

2023年8月底起，長達一個月的時間，於馬尼拉開業屆滿20年的權威獸醫師Dr. Nielsen，率領他的醫療團隊「Vets

我想自己在能力範圍內，把這份愛延續跟擴散在更多生命上。

曾經發起「畫畫救大象」的活動，雖然一個人的力量有限，但我還是希望盡我所能。

於是，那年我做了一件從來沒做過的事──向總裁許願生日禮物。

當時我們交往屆滿12年，期間我從來沒有主動要過任何禮物。2019這年我意志堅定，決心辦一場「Nacpan浪浪結紮」活動。把沙灘上常出現的貓狗通通抓來結紮，終結無止盡的生育與求生漫漫長路。

要是愛妮島有動物醫院，這個願望的難度就不會太高，但偏偏愛妮島沒有。好在我的總裁從來不以困難為由，拒絕去做該做的事。他打了無數通電話，被無數動物醫院以人力不足為由拒絕（還記得過來愛妮島出診要6小時嗎？）。接近絕望之際，終於出現一家願意千里迢迢前來支持我理念的團隊。

2019年2月27日，我期盼已久的Nacpan浪浪結紮義診日到來。

當天一早，所有人的任務就是抓狗抓貓。貓這樣高防衛心的夜行性動物都不知道躲去哪睡覺了，原以為親人的狗狗

對毛毛的愛，醞釀成大愛：發起免費結紮活動

搬到心愛的Nacpan Beach定居，養了深愛的毛毛後，我骨子裡的愛狗基因並未消失。我默默觀察了好一陣子，發現愛妮島的流浪狗多得不可思議。以前的我，以為只有繁殖場的可憐狗狗會被迫無止盡地生育，但愛妮島完全打破我的想像。或許是因為住在陽光、沙灘、大海這樣的天堂，所有生命都太放鬆了，一有時間就瘋狂愛愛瘋狂生，到處可見流浪貓狗。

「哇！這隻狗媽媽沒幾歲欸，到底生幾胎了？」眼睜睜看著不停懷孕、生產、又懷孕、又生產的貓狗媽媽們，一個一個骨瘦如柴，還得拖著身軀到處乞食，再把身體為數不多的營養都給寶寶，我真的心疼死了。

「OMG，這隻怎麼懷孕了！公狗都射後不理耶，吼！」企圖轉移焦點關心一下別隻狗狗轉換心情的我，又是一陣崩潰，馬景濤式抱頭大吼。

「天啊！這窩剛出生的狗寶寶太可愛了吧，但誰有辦法養？」牠們的水汪汪大眼，看得我淚眼汪汪，好討厭自己的無能為力。

我能不能為Nacpan Beach的流浪貓狗做點什麼呢？這個對自己的靈魂拷問，一直在我心裡打轉。我想起某年生日時，

讓我最後送一首歌給你：

我猜你一定也會想念我
也怕我失落在茫茫人海
沒關係只要你肯回頭望
會發現我一直都在

你給我這一輩子都不想失聯的愛
相信愛的征途就是星辰大海
美好劇情不會更改
是命運最好的安排

——周興哲〈永不失聯的愛〉

雖然離開，但這份愛從未離去，在每一個記憶裡，在每一次想起，我們都能感受到那份熟悉。

我深信世界上最好和最美的東西，是看不到也聽不到的，它們只能被心靈感受到，就像我能感受到你現在的快樂與自由。

給最愛的毛毛，最後的悄悄話

毛毛，你走後，我哭了一個月又五天。我以為我這麼揮霍的哭法，眼淚一下子就會被我哭乾，哭似乎成為我唯一思念你的方式。

這兩天，我已經不再哭了。不知道是因為淚水流乾了，還是情緒走到下一個階段了，也不知道是太傷心，還是太想念，我總覺得你一直都還在我身邊。

今天遠眺曾和你一起看的海和天空時，不知不覺眼眶又濕了。但這次的淚，不是因為難過，而是為你感到喜悅：你終於能離開因病痛而損壞的肉體，化身自由飛翔的靈魂。迎著海風笑著落淚的這一刻，我突然明白自己有多自私，真正的愛，要學會放手。

這是你教我的最後一課，對吧？

我真心希望你幸福快樂，無牽無掛踏上冒險旅程。去吧！我最愛的寶貝，不用再擔心我了，不用再陪著我了，不用再因擔心我而回頭了，也別再回來地球了。我答應你，我會過得很好，你也要用你喜歡的方式，過得很好喲！

對毛毛的愛，不只存在我心，也存在我的身體，一輩子。

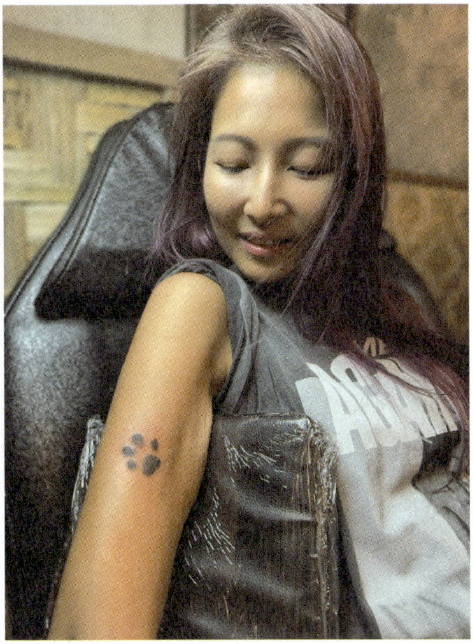

我為毛毛勇敢的最後一次，是克服對痛和針的恐懼，將他的掌印刺在我的右手臂上。我的右手臂是他從小到大抱著睡的枕頭，三更半夜做惡夢時，他總會伸爪嵌入我的右手臂表皮層，提醒我安慰他。新舊交疊的傷口，透過刺青，變成毛毛永遠的專屬之地。

謝謝毛毛闖進我的生命，讓我愛上貓，讓我體驗何謂無私的付出，讓我明白何謂極致的愛。有多愛，失去時就有多痛，但再一次選擇，我依然會把你帶回家，和你度過這一段美好的時光。

總裁承受了所有我承受不住的，他親手為深愛的兒子按下生命終止鍵，是多麼痛苦的事，我一輩子都無法做到的事，他替我做了。當我抱著眼底光芒逐漸黯淡的毛毛，感受著他呼吸停止的那瞬間，我的心有一部份也跟著停止了，不再完整；是總裁提醒了我，我也是他深愛的人，他也會因為我痛而痛。

當晚，我們親手將毛毛葬在他最愛的Nacpan Beach。

我親手埋葬了你，也將自己的一部分深深埋進那片泥土裡。

這是你生前留給我的最後一張合影，也是我們生命交疊的最深刻見證。

「毛毛睡著了，不再有病痛了……」總裁哭著看著這一切，心疼地輕聲說道。

小時候，媽媽總跟我說，不可以在死者面前哭，否則死者會捨不得離開。從安樂死藥劑真的打進毛毛身體裡的那一刻開始，我異常冷靜，一滴眼淚都沒掉。直到總裁這句話音進到我的耳中，我再也無法忍著不哭，滿臉淚痕不再乾過。

雖然這份痛永遠不會完全消失，但我相信會變成心底最柔軟的地方跟力量。提醒我們愛得多深、多真。

放手並不是選擇，而是不得不面對的必然。

我放不了手，我怎麼放得了手？

我不願放手，用他最愛的枕頭——我的右手，環抱著溫溫軟軟的他，躺在他死前最後想去的花園，就像我們每晚睡覺那樣。對，毛毛只是睡著了而已，對吧？你快告訴我「對」啊！你可不可以告訴我，他只是睡著了而已？

我緊握不放的他的手開始變得冰冷，我的臉頰感受到他的耳朵漸漸失去溫度。這時候我才突然回神，意識到毛毛真的要離開我了。不行啊，我不能讓毛毛身體最後的溫熱也消失不見，我著急地幫毛毛蓋上他最愛的被子，求他別離開我。

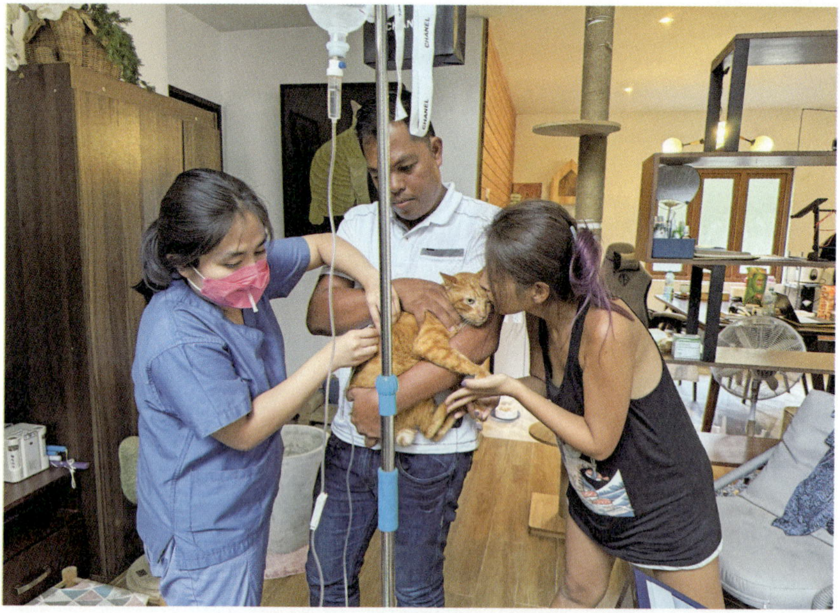

沒有醫院的愛妮島，我們請整個醫療團隊從馬尼拉飛來家裡，希望你能舒服一點，不用在冷冰冰的鐵籠中。

我哭著打了電話。

總裁帶著醫療團隊衝回家了。

我別無選擇，抱著毛毛，讓醫生在他右手打安樂死藥劑的注射針頭。

毛毛痛得用僅存的虎牙咬了我左拇指的大魚際肌。

我不躲不閃，因為心痛比皮肉痛更痛。

毛毛抱歉地舔舔我，最後一次。

晚上8點30分，醫生將麻醉藥打進毛毛血管裡，我抱著骨瘦如材毫無抵抗能力的他。

晚上8點31分，總裁親手將真正安樂死藥劑打進毛毛身體裡。

最後，我們決定在10月25日幫毛毛打嗎啡，並選定10月28日讓毛毛永遠沉睡。

看著他打完嗎啡，終於放鬆地側躺在他最愛的椅子上，我慶幸自己做了這個決定，但這個決定也讓毛毛生命倒數的聲音滴答作響，格外清晰。

毛毛睡醒竟然有力氣扯開喉嚨喵喵叫，吵著要出門，我一步一步跟在他後頭，他的步伐輕飄無力，像是不知何時會落地的樹葉。

晚上8點6分，散步完心滿意足回到椅子休息的毛毛，突然開始作嘔，我一個箭步伸手拿衛生紙，一轉身，發現毛毛吐的是一灘濃血。我跪地說不出話，腦袋空白，停不下來地全身發抖。

「毛毛很痛苦，妳讓他走吧！不要再折磨他了。」這句話在我心裡迴盪。
「我做不到，我也好痛。毛毛有多痛，我就有多痛啊！」另一個聲音也同時大吼。

毛毛吐血後的一切，像是數個平行時空的影像重曝，毛毛虛弱地爬上二樓去了花園。

「不知道。」
「如果要做，會怎麼進行？」
「必須把毛毛關在籠子裡，固定幾天洗一次。」

我捨不得毛毛痛。我捨不得毛毛進入癲癇期抽蓄不止。我捨不得愛面子的毛毛死撐著卻很痛苦。我捨不得他被皮下的針反覆戳插的傷口又得再被戳插。我捨不得愛自由的毛毛要被關籠。我捨不得毛毛離世前，還要被折磨。如果可以，我想分擔他的痛，更想分自己的壽命給他，但……

我們盡力了，毛毛盡力了，真的用盡所有力氣了。怎麼做才是最好的，答案擺在眼前，但我開不了口說出這個無比艱難的決定。

「我們能像人類的安寧病房那樣，用嗎啡讓毛毛在最後的時光沒有苦痛嗎？」總裁問。
「沒有人這麼做過，但可以，不過你們要想清楚，打了就無法回頭了。」
「什麼意思？」我們不明白醫生口中的「無法回頭」是什麼意思。
「一旦用了嗎啡，其他療程都沒辦法做了。」

「為什麼是你擔心我？你應該要擔心你自己啊！」我再也忍不住淚。

那天毛毛一反常態，主動進食，乖乖讓我打皮下。我憂喜參半，擔心這麼神奇的好轉是否正是大家口中的「迴光返照」。

照理來說，應該要趁毛毛狀況好時，趕緊安排重大醫療事宜，例如獸醫朋友建議的洗腎，但我們真的不忍心讓如此虛弱的毛毛，再經歷拉車之苦。討論良久，總裁聯絡了位於馬尼拉的Dr. Nielsen獸醫團隊，請他們帶著上百萬的醫療器材直飛愛妮島。我不奢求毛毛好起來，但我希望所剩無幾的時光裡，我們都能陪在他身邊，盡全力讓他舒服一點，不要受太多折磨。

2023年10月23日，毛毛不吃不喝，拒絕打皮下。
2023年10月24日，醫療團隊再度為毛毛血測，情況比我們想像得還要糟糕。醫生說，他行醫多年從未見過這麼高的腎指數，他也無法置信滿身毒素的毛毛還能起身走動。

「如果想要延續毛毛的生命，可以嘗試間接性血液透析。」
白話文就是「洗血」。
「能延續多久？」

生命的凋零，活生生在眼前上演時，沒有任何人可以做好準備。每晚淋浴時，我開著水龍頭小聲啜泣，我不想被毛毛和總裁聽到，我知道他們會難過；壓力大到極限時，我把自己灌醉，倒在床上，希望忘記所有難過痛心的事。

2023年10月21日，酒醒後收到一張照片，是前一晚喝掛的我側躺蜷縮在床上，毛毛不知何時悄悄地上床依偎著我。他用瘦到見骨的身體貼著我的身體，是輕聲的安慰，是心疼的擁抱，是毛毛愛我的表達。

毛毛緊緊依偎著喝醉的我睡覺。

最後的時光

有時候會突然相親相愛的假象？

2023年10月19日，嗅覺靈敏的總裁找到了亂尿尿的兇手，不是黑貓妹妹，不是虎斑弟弟，是毛毛。但毛毛沒有亂尿尿，濃厚的尿騷味是從毛毛口中散發出來的。

「哪是！」我倔強地反駁總裁。

總裁不作聲，我也沒有再說話。我心裡明白，體重掉到只剩3公斤的毛毛日子不多了，但我不想承認，我覺得只要不承認，最糟的事就不會發生。但，怎麼可能？

毛毛一天比一天衰弱，最愛的零食不碰了，最愛的手撕鮮食不吃了，最愛的出門逛大街不去了，他每天最常做的事，就是靜靜趴在小花園裡，看著廣闊的天空發呆。

雖然毛毛日漸消瘦，但我依然不放棄任何治癒牠的可能性。

「死神啊！我們家毛毛才四歲，沒道理這麼早就上天堂，拜託留他在人間陪我久一點吧！欸，不，愛妮島也是人間天堂啊，誰說只有祢那邊是天堂！」拚了命跟死神搶毛毛的我，漸漸找到下針手感，成功機率越來越高，甚至進化到一個人就能完成操作。

毛毛的腎臟功能越來越低下，在毛毛的體內吸收營養，卻不上工。短短一年內，每日皮下點滴水量從100ml增加到250ml；從細針到粗針；從忍耐地讓我打點滴，到看到點滴架就逃。毛毛狀況時好時壞，壞的時候不吃不喝、嘔吐脫水、消瘦顫抖；好的時候像什麼事都沒發生過似的，一個勁地跟我們撒嬌討愛。

如果學會打皮下，你可以再多一條命嗎？

我不知道自己要學會多少「遺憾」的同義詞，才能精準訴說毛毛的故事。對，真的好遺憾，毛毛是Dr. Nielsen口中術後也無法痊癒的25%口炎貓。回到愛妮島沒多久毛毛的牙齦就又發炎了，必須依賴藥物控制，這意謂著可能會誘發其他併發症，但不幸來得比想像更快。

2022年平安夜，一點都不平安。

沒有特別愛喝水的毛毛，變得異常愛喝水。血測後，確診為無法逆轉的慢性腎衰竭，每天除了餵藥以外，還要打皮下點滴。我怕針，也怕毛毛被我弄疼了，但更怕失去毛毛；我情緒低落地宅在家整整一週，看教學影片，幫自己心理建設。

「如果我做不到，毛毛就會死，那毛毛的死就是我造成的。如果我無法克服自己的恐懼，就必須眼睜睜看著毛毛因我的懦弱而死，救不了兒子的我，還算什麼媽媽！」我必須勇敢堅強起來。

一天100ml是人類兩口就喝完的水量，但我跟總裁得兩人通力合作，一人餵毛毛吃最愛的零食，一人冷靜下針開啟點滴。點滴滴完前，零食若已餵完，是失敗；環境中出現讓毛毛分心的人事物，也是失敗。

最帥的小獅子寶寶。

愛一個人，心裡總會有所期待，期待一種自己喜歡跟想要的結局。但現實有時候依然殘酷，會偏離預想的軌道，而在期望中失望。

出院後的你更黏人撒嬌，怎能不愛，可愛死了。

但這個家是馬尼拉的家，不是愛妮島的家。為了確保術後狀況，只留下四顆帥氣虎牙的毛毛和我，淚別總裁，母子倆相依為命住在封城狀態的小套房近180天。

沒有搖曳樹林，沒有陽光沙灘海，沒有自己的街頭地盤，沒有總裁，沒有黑貓妹妹，但我們有彼此，毛毛100%獨佔我的愛。他總愛四腳朝天躺在懶骨頭上，伸懶腰，翻白眼，做日光浴，我們也苦中作樂在小套房裡追逐玩耍，或黏在一起熬夜追劇直到開燈睡著。廚藝欠佳的我像個瘋狂女巫，每天沉迷研究燉煮出鮮嫩多汁雞胸肉的方法，食慾大增的毛毛從3.9公斤豐潤到5.4公斤。

2021年2月6日，兩人一貓分處客艙和貨艙，短短一小時的航程，對我來說度秒如年。

2021年2月9日，手術室的門是一座望不穿的山，七小時煎熬後，手術宣告成功。

2021年2月14日，毛毛回家了，是我收過最棒的情人節禮物。

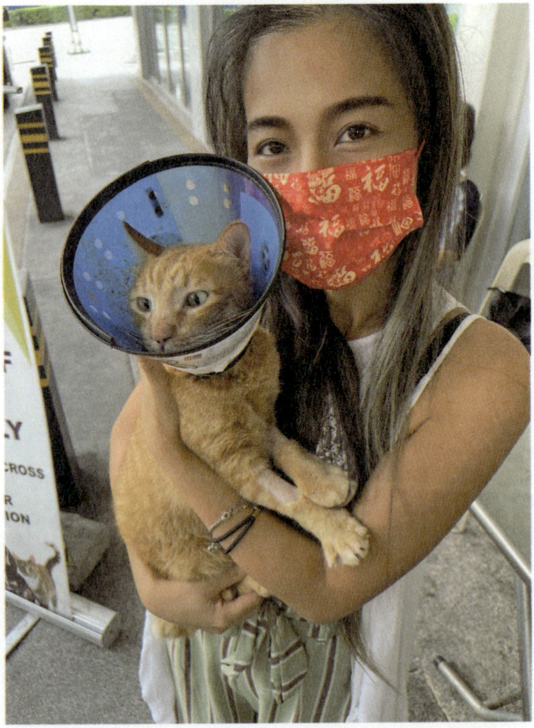

二〇二〇年大過年，你還無法出院，全家少了你無法團圓。

時睡到半夜，毛毛會痛到頭頂頻頻顫動，我也會被嚇醒，真的好希望自己能為他分擔痛苦。

Dr. Nielsen聽聞這狀況後，建議毛毛全口拔牙，75%口炎貓能在術後順利康復，同時可以避免藥物劑量持續加重造成腎臟負擔；但為了拔牙，我必須帶著毛毛飛到馬尼拉。

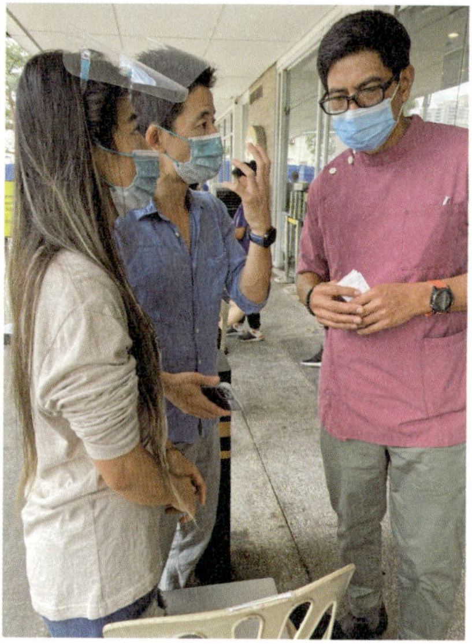

㊧ 全菲律賓最厲害的動物權威Dr. Nielsen，也是毛毛的救命恩人。
㊨ 毛毛嚴重貓口炎，最後只能拔牙治療。

後來他們沒有為毛毛找到適合的治療方式，只留給毛毛一隻纏滿紗布又浮腫得不得了的小手。這家醫院，空有友善的人員，卻毫無醫術與醫德可言，兩天之間醫生不見蹤影，極不合理的三天四萬元帳單，看得我生平第一次氣自己英文不夠好，我好想跟他們吵架！毛毛的第七條命就是被你們用掉的啊！

「現在重要的是毛毛，我昨晚打給海龜保育專家Jamie，她介紹了全馬尼拉最厲害的獸醫權威Dr. Nielsen給我們。」英文是母語等級的總裁不幫我吵架，還攔住我，原來他早就在想辦法了。

經過Dr. Nielsen在公主港執業的徒弟重新檢查後，毛毛確診為口炎貓，心臟和腎都沒有問題，全麻洗牙後要持續吃藥控制。

口炎對貓咪來說是常見疾病，沒有立即的生命危險卻十分棘手，肇因大致上可分為病毒性、細菌性、自體免疫力低下。毛毛數次被懷疑是愛滋貓，但血檢都幸運過關，可惜在口炎的醫治上就沒那麼幸運了。

Dr. Nielsen的徒弟當天立刻為毛毛安排療程，狀況好轉許多，但就算我們悉心照料，毛毛的牙齦依然反覆發炎。有

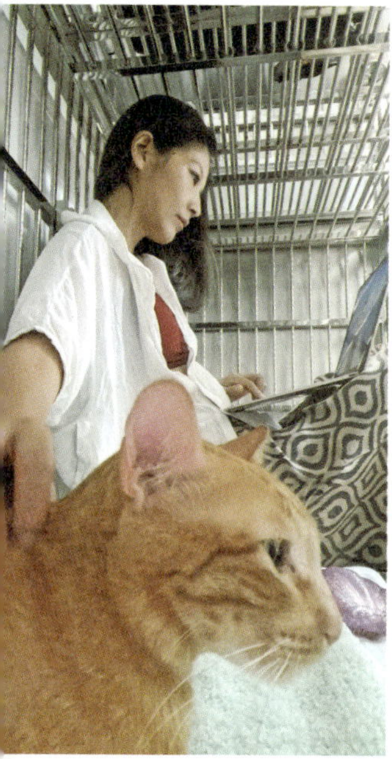

毛毛生病住院，我真的很想跟他住在籠子裡。

無法讓毛毛搭飛機貨艙，總裁破費包私人飛機讓我們不分離。

搭車跟貓籠是我最焦慮的事情，搭車6小時，如果不抱著就會叫6小時。

毛抽血，毛毛撕聲裂肺地哀嚎。我不懂，毛毛從進門到看診都乖乖的，為什麼要遭受這種暴力對待？他是老虎嗎？我心都碎了。

接著他們要求毛毛住院吊點滴。捨不得兒子受苦，也捨不得我心碎的總裁為毛毛安排了大型犬的籠子，我整個人爬進籠子，為他鋪了熟悉的床墊毯子，擺設了砂盆，然後我抱著毛毛，突然一陣悲從中來。

「我要在這裡陪他，我不想走了。」醫院應該覺得我是難搞的瘋狂飼主，但我不覺得，任何人看到孩子被你們這樣對待，都無法放心離開的吧？

從誤診到確診，口炎貓拔了26顆牙

第七條命開始，無論對於毛毛，還是我們，都是一段身心備受折磨的日子。

疫情初來乍到時，毛毛被我們養得白白胖胖，貓生第一次徒手摸不到脊椎，我驕傲到尾巴都要翹起來了。但好景不常，某天他的食慾瞬間歸零。

拜新開幕的連鎖動物醫院所賜，這次不用長途跋涉了！但進門不到五分鐘，帶著毛毛衝醫院經驗豐富的我們隱約感到不對勁。充其量只能稱作醫護站的這個地方，沒有醫生，沒有血測儀；隔了幾天，醫生和血測儀有是有了，但數據卻告訴我們毛毛雖有口炎，只不過更嚴重的是心臟病。

滿腹狐疑的我們，頭上冒出的問號鐵定超越一萬個，台灣獸醫好友建議我們進一步做心電圖檢查，「我們只是分院，沒有心電儀。」拉車這條漫漫長路終究無法避免。

六小時折騰後，我們萬萬沒想到，等著我們的是更地獄的折騰。

愛妮島分院沒有心電儀，公主港分院竟然也沒有心電儀，醫生土法鍊鋼用聽診器看手機測心跳；毛毛抽血時，他們不准我在旁，我勉強隔著玻璃目睹五個大人粗暴地壓制毛

「Please help me find MY ORANGE CAT!!!」我沒看到毛毛！心急如焚的我哽咽求救。

當地居民驅走流浪狗的同時，我持續大聲呼喚毛毛，藏身茂密樹葉中的他終於喵了一聲，哇，天啊，他在那麼高的樹上，該怎麼辦？

當地居民彷彿是能讀懂我心思的神隊友，搬來了自製長木梯。可是長木梯「非常脆弱」，看起來只要過重或站立位置有誤，隨時都可能解體。熱情的阿北自告奮勇要爬上去幫忙抱毛毛下來，但總裁摸透毛毛的性格，深知以毛毛現在的驚恐程度可能會傷到好心阿北。

總裁決定親自上陣，他一步一步小心地踩上去，當毛毛看到熟悉面孔時，開始鬼哭神嚎，像是在哭訴害怕與委屈。總裁一把抓住他，我立刻上前要接手，剛逃過大狗追殺的毛毛抓緊我，尖銳的爪子狠狠嵌進我的皮肉裡。我感覺不到痛，我只知道我不能鬆手，我要用生命保護他。

回到房間的毛毛鎮定下來，確認他身上唯一的血跡，是來自指甲完全掀翻的後腳中趾後，我們終於放鬆下來，這才注意到我和總裁身上爪痕累累。這時我第一次懂了天下父母心——只要孩子沒事，受點苦也沒關係。

我開始擔心，毛毛還剩幾條命？

當我們說貓有九條命時，往往帶著敬畏和羨慕；但在養了毛毛後，我的羨慕都變成擔心：「我兒毛毛啊，你剩幾條命呢？能不能省著點用呢？」

毛毛這麼率性而活的個性，當然沒在搭理我們。

第四條命因誤舔漂白水而用掉。這次是打掃阿姨的無心之過，她抱歉，我們也不忍責怪。

第五條命浪費得更冤枉了。租屋處天花板發霉掉落，房東請人修繕，滿屋子濃濃的油漆乙醇味。當時人恰好不在愛妮島的我們請朋友幫忙照顧毛毛，因為第二條命的跳樓事件，讓朋友更謹慎地將毛毛好好關在房間裡，結果反讓毛毛咳到不行。後來我們擔心傷及肺部，又衝去醫院。

第六條命，用在我們擔心他的肺而衝公主港就醫時。當時短居的住處是兩層樓建築，人生地不熟的環境，讓毛毛再度液化跳樓，縱使兩層樓的高度對毛毛來說不算什麼，但兇悍的浪狗群是莫大威脅。

「喵～～～吼！！！」一聽就知道是毛毛的尖叫聲，我們馬上奪門而出沿路問人。
「汪汪汪汪汪！！！」三隻大型犬朝樹上狂吠。

為了救毛毛，我們真的找來針頭。

「刺下去，毛毛就不會死嗎？」
「不一定，但刺下去有五成機率會活。」
「那另外五成呢？」獸醫朋友不回答我。

不刺，毛毛會死；刺錯位置，毛毛會死；太晚刺，毛毛會死。可是我下不了手，怎麼辦？我把針頭推給總裁，總裁說他也做不到，我們焦慮痛苦到抱在一起哭。

這時，毛毛突然站起來了。

可能是聽得懂人話，可能是他也害怕被我們亂捅，他拖著虛弱的身體去尿尿。台灣獸醫朋友再一次被我們用訊號超爛的網路電話吵醒，他說如果毛毛上了廁所就暫時脫險了，但要盡快做更進一步的檢查。

於是，一夜沒睡的我們，大清早坐上第一班車，帶著毛毛拉車六小時去巴拉望看醫生、吊點滴。一檢查才發現毛毛雖然沒有貓愛滋，但免疫力異常低落，加上小時候沒打預防針，身體更是虛弱。

天生的短麒麟尾，聽說是招財的象徵。

毛毛是超盡責的老大，真的會在街頭幹架那種。時不時都會出現小傷，有次眼睛旁還被劃了一道深深的傷口，嚇爆我們，直向他喊話：「毛毛啊！愛妮島沒有動物醫院啊！如果你真的怎麼樣了，我們只能拉車去巴拉望耶！拜託你安安全全回家，別到處打架，好嗎？」

沒想到，這次眼睛的傷還不算大事。有次我和總裁忙了一天筋疲力盡回到家，我一邊呼喊毛毛，一邊幫他清貓砂，「咦，他怎麼沒來蹭蹭？咦，貓砂怎麼沒屎沒尿？」

當我們找到他時，發現他奄奄一息，一摸他就發現貓掌肉球有點蒼白冰冷，我開始慌了，現在是該死的半夜12點，叫我怎麼辦才好？

「如果不吃不喝不尿超過24小時，毛毛可能會死。」台灣獸醫朋友睡夢中接起電話。
「那我怎麼辦？」我崩潰哭到話說不清楚。
「你家裡有沒有針頭？」
「針頭？」
「對，打針那種針頭。」
「要幹嘛？」
「找到毛毛膀胱位置，用力刺下去，手動放尿，不然毛毛會尿毒而死。」

毛毛的貓門，馬上安裝，馬上上手，進進出出還呼朋引伴？

還算讓人放心的是，他傍晚就會回家吃晚餐，即使貪玩晚歸，只要我站在窗邊大聲喊他名字，他就知道我擔心了，會用最快的速度奔回家。晚上睡覺時，我的右手臂就是他的枕頭，每天都要一起抱抱睡。

親煮鮮食和營養品雙管齊下，毛毛身形總算越來越接近正常的成貓，但也意謂著貓奴聞之色變的發情期來了。原本我們嘗試順其自然，但有次毛毛親睹三花女友被別的公貓騎，崩潰慘叫不打緊，還試圖在我們面前再度跳樓。被嚇到快心臟病發的我，只好商請公主港獸醫往返12小時，來愛妮島為他結紮。

結紮傷口剛痊癒，毛毛就想出門。雖然擔心，但明白出門巡視是身為街頭貓老大的責任，也捨不得成天關他在小小的家裡，最後索性幫他在大門上挖了一個貓門，讓他可以自由進出。

每天都固定白天外出巡田水的橘貓老大，翠綠的眼睛配上對比的橘，這個無可比擬的帥氣，是我最驕傲的兒子。

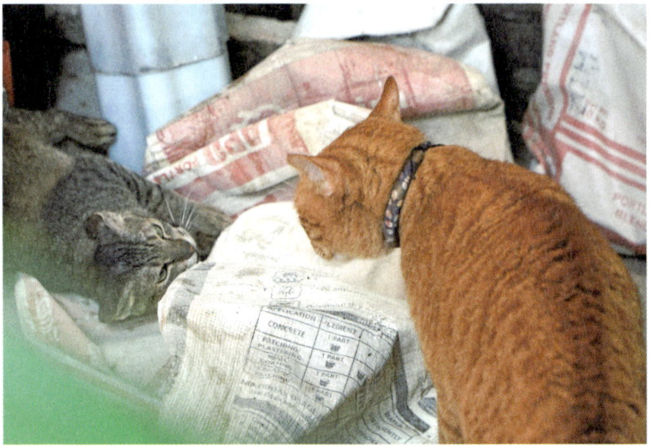

看到毛毛打架，身為家長的第一反應是「一定是他欺負我兒子！」但看起來是毛毛在霸凌對方⋯⋯。

第三條命：要把針頭刺進毛毛肚子裡，不然他會死？

毛毛出門到底都去了哪？做了什麼？真的好好奇呀！

毛毛雖然被我們當家貓養，但骨子裡流竄著滿滿的野性。

自從有了意外蹺家的經驗後，他就愛上了外面的花花世界。他沒有愛到要住在外面，但每天都要出門，如果不讓他去，他就會聲嘶力竭喵到所有人都崩潰。

有次我們基於好奇心，一路尾隨毛毛，才發現原來他是街頭老大耶！每天吃完早餐出門，就是要去逛大街、巡地盤；回家吃了午餐和點心後又出門散散步，看看是不是有人需要他罩，呃，不，是有沒有貓需要他罩，偶爾也主動找架打，教訓入侵地盤的小嘍囉。

就是從這個縫，毛毛嘗試了貓生第一次的蹺家。

還好蹺家還懂得回來，待在門口等著回家。

畫家在家裡的牆上畫上毛毛畫像。

第二條命：跳樓蹺家，失蹤三天

2018年，我們因為簽證關係，每兩個月就會回台灣探望家人、補充在愛妮島買不到的民生用品，或是到世界角落走走看看。每當出遠門時，我們會請朋友來家裡幫忙照顧毛毛。

「天啊太好了，毛毛自己回來了！」人在台灣的我聽到朋友這麼說，一頭霧水。

愛妮島建築大多搭配一片一片的外推窗，我們出門時為了讓屋裡保持空氣流通，會將窗戶外推留一個縫隙。有天朋友一如往常要來照顧他時，翻遍整間屋子都找不到毛毛。Lovy嚇壞了，她知道我有多愛毛毛，完全不敢告訴我。

她在屋子裡每個角落呼喚毛毛，翻遍所有可能的地方，家裡找不到，就在家附近找，還是一無所獲。找了整整三天，毛毛出現在家門口的小涼亭隔板上，等待有人幫他開門，Lovy才鬆了一口氣，放下懸著的心。這時她才將事情始末一五一十地告訴我，換我嚇壞了。

我們推測，應該是因為毛毛用全身的重量，把外推窗縫隙推得更大，身形瘦小又是液化高手的貓咪，就從三樓掉下去了。天啊，一想到是「三樓」我就覺得抖，將近九公尺的高度差，無疑又用掉了一條命！

很喜歡爸爸的鬍子。

「小貓的名字就叫Maosano吧！超適合的！」我興奮地跟總裁說。

人生中第一隻貓，也是此生最愛的一隻貓，我兒子的名字就這樣定案了—— Maosano。但每次都要叫三個音節實在有點長，於是平常就簡化一點叫他MaoMao（毛毛）。Maosano是愛妮島的祕境，毛毛則是我的祕境。

每天都喜歡跟我相擁入睡的毛毛。

這座島的名字是Maosano，毛毛的名字就是來自這裡。

毛毛，是我心裡最美的祕境

雖然小貓活了過來，但一開始我還是很擔心，眼睛不由自主就會盯著他看。

有著傳說中招財招福短麒麟尾的他，是一隻橘色虎斑貓，身形因營養不良而瘦削不已，但骨架明顯比同齡浪貓大。即便如此狼狽，也無損他那雙美麗眼眸裡的光芒。碧綠色的瞳孔，環繞著一圈閃閃發亮的琉璃黃。

「欸，小貓的眼睛配色好像有點眼熟……」我轉頭問總裁。
「有嗎？」明明見過，但一時想不起來在哪見過的感覺有夠煩人。
「啊！」我突然大叫，小貓和總裁都被我嚇一跳。
「是我們去了三次的那個島啊！」

愛妮島東邊有一個世界知名的海域Linapacan，被旅人譽為「全世界最清澈的海」。那裡有座超級美的島嶼，島的邊緣是一圈白沙灘，被Tiffany透明藍綠色的海水圍著，那個藍綠色跟小貓的眼睛一模一樣！

那座島的名字叫做Maosano。

人類買件衣服要考慮半天，但買給寵物的就不管價錢，直接閉眼狂掃貨。

「我可以為他做什麼？」無計可施的我，打了一通電話向台灣獸醫朋友求助。
「只能先觀察，雖然沒有外傷，但有可能內傷很嚴重。」

三天過去，小貓除了微弱的呼吸外一動也不動，我放在他身旁的水和食物，他一口都沒吃。

「雖然我本來想養狗，但如果你願意活下來，我就照顧你一輩子！」看著他心裡無比難受的我，對他喊話。

小貓像是聽懂了，勉強起身喝水吃飯，還光顧了我們盜採的Nacpan Beach沙子當廁所（當時愛妮島鎮上連獸醫院都沒有，更別說貓砂啦哎唷！）。我超感動，哭著謝謝上帝讓奇蹟發生，新手貓奴的生活就這樣開始了。

魏買加沒有時間好好跟我解釋，也不顧我在剛開幕的沙灘酒吧畫黑板寫優惠，就拉著我的手直奔命案現場——如果再晚一秒。

我們沙灘酒吧的兩隻狗Murphy和Chris，正發狂地咬著一隻小貓，小貓的下半身在Chris嘴裡，Murphy正要張口咬牠的頭，牠們瘋狂地嚎叫撕扯。我還來不及思考，也不知道哪來的勇氣竟然一把抓住Chris的尾巴，把牠往後甩。

其實這是一個超級危險的舉動，有九成機率我會被回頭的狗咬爛手。或許是因為認識，也可能是因為Chris很傻眼（畢竟我平常對動物都很溫柔婉約），嘴巴一鬆，小貓掉在地上。

「快！魏買加！快！」我急得連話都講不清楚，還好他懂我，趕緊把破破爛爛像條抹布的小貓抱起來。

魏買加哀傷地說小貓快死了。當時對貓完全不瞭解的我，其實也不知道該如何幫助他，但看到魏買加紅著眼眶一臉快哭的樣子，我把一張桌子反著放，鋪了毛巾，先安置小貓，向他承諾我一定會帶他回鎮上照顧。

魏買加是對的。那天晚上我和總裁帶著小貓回鎮上租屋處，小貓呼吸很薄弱，幾乎完全不動。

第一條命：從流浪狗嘴裡搶救回來的毛毛

本來想養狗，但你聽進了我不離不棄的承諾活下來了。

雖然我愛世界上所有動物，但在遇到毛毛之前，我很確定我是狗派。

出生以來，家裡三隻狗陪我長大，我一直覺得自己上輩子應該是狗。定居愛妮島後，也一直想要養一隻狗，直到2017年底，某個雨季後的豔陽天，背包客海人好友魏買加（音譯）突然衝到我面前大吼。

「他快死了！」
「誰快死了？」

我的確很喜歡愛妮島，喜歡到定居在這裡。但後來認真想，要是沒有在愛妮島遇到毛毛，我可能不會如此離不開，尤其是疫情期間。

毛毛是我人生中的第一隻貓。我常笑說，養了毛毛後，我才開始相信貓真的有九條命。但如果可以，我好希望給毛毛一百條命，因為他實在太揮霍他的生命了。

毛毛可能不知道，這幾年從他成為我的孩子開始，他的命就是我的命，我的命也是他的命，我們是生命共同體，完全無法想像失去毛毛的我，會變什麼樣子。熱愛自由的毛毛個性極野，卻因先天免疫系統不佳而體弱多病，很需要完善的照顧。很多人說毛毛遇到我很幸運，事實上我覺得能遇見他的我，才是真正被幸運之神眷顧的人。因為毛毛，我擁有許多無可取代的快樂時光，永遠不會磨滅。

各位讀者讀到這本書時，毛毛已經早我一步去天堂玩耍了，但我還是很想告訴大家我們的故事。這是一段自我療癒與回憶的過程，也是永恆的紀念。

兒子第一年生日。

愛的奉獻與無私，是沒有限定範圍的。

特別收錄

愛妮島有一隻貓，把狗派的我變貓奴

——毛毛與我的相遇故事

深深愛上愛妮島

一本關於勇氣、選擇與自由的人生故事

Sylvia Wu——著